Rosa rubiginosa 'Janett's Pride'

Englische Rose 'Shropshire Lass'

Jugendstil-Laube, verspielt umrahmt von anmutigen, kleinblütigen Kletterrosen. 'Minnehaha' links und 'Excelsa' rechts. Szene im Deutschen Rosarium VDR, Westfalenpark in Dortmund.

DER GROSSE
GU RATGEBER

Otto Bünemann
Jürgen Becker

ROSEN

Die schönsten Rosen für große und kleine Gärten

Gestaltungs-Ideen für Rosenbögen, Spaliere und Beete
Rosen-Praxis: Pflanzen, Pflegen, Schneiden, Überwintern

Farbfotos: Jürgen Becker
Zeichnungen: György Jankovics

GU GRÄFE UND UNZER

Inhalt

Rosen PRAXIS

Rosen kennenlernen, pflegen, vermehren

Amor zwischen Kletterrosen

Diese Rose ging um die Welt – 'Gloria Dei'

Lauschige Gartenecke mit 'Apothekerrose', *Rosa gallica* 'Officinalis'

Teehybride 'Papa Meilland'

Hochstämme zieren auch kleine Gärten

Duftendes Rosen-Potpourri im Korb

Mit Rosen GESTALTEN

Den eigenen Garten verzaubern

Rosen PORTRÄTS

Die schönsten und gesündesten Arten und Sorten

Wichtig: Damit Ihre Freude an Rosen nicht getrübt wird, lesen Sie bitte die »Wichtigen Hinweise« auf Seite 159.

Rosige Zeiten für Ihren Garten

Ein Wort zuvor

Der Rosenmarkt ist in Bewegung gekommen: Rosen als Massenware haben ausgedient. Nicht eintönige Rosenbeete sind gefragt, sondern der duftende Rosenbogen, die rosenberankte Hauswand und Rosen zwischen Gartenblumen. Kein Zweifel: Die Rose erhält wieder den bevorzugten Platz im Garten, sie wird als »Königin der Blumen« neuentdeckt!
Diesem Wandel entspricht auch ein neuer Umgang mit Rosen. Immer mehr Gartenfreunde wünschen sich einen giftfreien Garten und bemühen sich um biologische Methoden, also auch um Verzicht auf chemische Düngemittel und Pestizide. Mit gesunden, widerstandsfähigen Sorten läßt sich dies leicht verwirklichen.
Es ist Zeit für ein aktuelles Rosen-Buch. Dieser Große GU Ratgeber schlägt ein neues Rosen-Kapitel auf.

Rosen-Praxis

Klar und übersichtlich sowie leicht nachvollziehbar präsentiert dieser Teil das gesamte gärtnerische Know-how über Rosen – angefangen bei der Pflege übers Jahr bis hin zu Schnitt und Überwintern, Vorbeugung und biologische Schädlingsabwehr. Darüber hinaus erfahren Sie, wie Sie Rosen vermehren, veredeln oder sogar selbst züchten können. Werden Sie Experte in Sachen Rosenpflege und -zucht.

Mit Rosen gestalten

Rosen lassen sich wunderbar mit Gehölzen, Gräsern, Stauden oder Gartenblumen kombinieren. Sie können aber noch mehr: als Kletterpflanzen an Bäumen, Rosenbögen, Spalieren und Pergolen hochranken, Girlanden bilden, als Beet- oder Strauchrosen eine ästhetisch reizvolle Nachbarschaft eingehen. Gestaltungsbeispiele in brillanten Farbfotos geben Anregungen und machen Lust zum Ausprobieren.

Rosen-Porträts

Über 300 der schönsten und gesündesten Rosen-Arten und -Sorten zum Auswählen: Alte Rosen, Englische Rosen, Wildrosen, Kletterrosen und robuste Bodendecker-Rosen, darunter auch viele mehrmals blühende und duftende Sorten. Hier finden Sie auch die Weltstars unter den Teehybriden und den reich blühenden Floribunda-Rosen.
Zusätzlich auf den Buchklappen zwei der aktuellsten Rosengruppen zum Kennenlernen: Rosen von anno dazumal (Alte Rosen) und Naturschönheiten (Wildrosen).
Viel Freude und Erfolg mit Ihren Rosen wünschen Autoren und Naturbuch-Redaktion.

Der Textautor

Dr. rer. hort. Otto Bünemann, international angesehener Rosen-Experte, ist seit 1975 Leiter des Deutschen Rosariums VDR im Westfalenpark und des Botanischen Gartens Rombergpark, Dortmund. Er leitet auch die Dortmunder Rosenseminare. Ferner ist er Gründungsmitglied der Arbeitsgemeinschaft Natur- und Umwelterziehung e.V. und Initiator eines Schulbiologischen Zentrums in Dortmund.

Der Bildautor

Jürgen Becker studierte Malerei und Film und ist seit 12 Jahren als freier Fotograf für renommierte Buch- und Kalenderverlage sowie für internationale Zeitschriften und Magazine tätig. Schwerpunkte seiner Arbeit: Garten-, Pflanzen-, Architektur- und Landschaftsfotografie.

Danksagung

Der Textautor dankt Herrn Manfred Klose, bis 1986 Hauptgärtnermeister im Deutschen Rosarium, sowie Frau Katrin Uter, Leiterin des Rosenfreundeskreises Hannover, für die Durchsicht des Manuskriptes; ferner Frau Susanne Kerber vom Pflanzschutzamt Münster, Bezirksstelle Unna, für Hinweise zum Pflanzenschutz, Herrn Prof. Georg Timmermann für die Durchsicht der mitteleuropäischen Wildrosen und Herrn Ewald Scholle, Seppenrade, für Hinweise zur Rosenzüchtung und -vermehrung. Ein besonderer Dank gilt seiner Frau Karin für ihre Hilfe, sowie für die Erstellung der Tabellen und für die Erfassung des Manuskriptes am Computer. Der Autor dankt ferner den ideenreichen, umsichtigen Lektorinnen Frau Gisela Keil und Frau Anita Zellner von der GU Naturbuch-Redaktion.
Der Bildautor dankt seiner Frau Doris Schlaback-Becker für die Unterstützung und Mitarbeit an diesem Buch.

Coupe d'Hébé ist eine herrlich duftende Bourbon-Rose, die nur einmal blüht. Sie wird bis zu 2 m hoch.

Rosen
PRAXIS
Rosen kennenlernen, pflegen, vermehren

Prachtvoll blühende und duftende Rosen: Mit der richtigen Sorte am richtigen Standort ist Rosenpflege kein Problem. Dazu alles über Rosenschnitt, Überwintern, Schädlingsabwehr, Vermehren und Züchten. Werden Sie zum Experten in Sachen Rosen!

Wie aus einem schweren Brokat-Gobelin, Ton-in-Ton-Komposition von gelber Strauchrose, Schafgarbe (Achillea-Millefolium-Hybride) und Mädchenauge (Coreopsis).

Die Vielfalt der ROSEN

Die Urahnen aller Rosenzüchtungen sind Wildrosen. Ein schönes Beispiel ist Rosa pendulina, die Alpenheckenrose (→Foto oben). Mit ihren dunkelrosafarbenen Blüten ist sie heute noch in den Alpen zu finden. Wildrosen haben sich in ihrer schlichten Schönheit und Anspruchslosigkeit ohne menschliches Zutun in freier Natur entwickelt. Das unterscheidet sie von den gezüchteten Kulturrosen.

Seit über 2500 Jahren gilt die Rose als die »Königin der Blumen«. Diese symbolträchtige Blume hat über Jahrtausende den Menschen begleitet, ihn erfreut und auch immer wieder getröstet.

Die Araber verstanden sich bereits auf die Kunst der Gewinnung von Rosenwasser und Rosenöl. Den Römern galt die Rose als Ausdruck höchsten Lebensstandards. Und mit ihrem berühmten Rosengarten auf Schloß Malmaison machte Kaiserin Joséphine im 19. Jahrhundert die Rose in ganz Europa populär.

Der Name der Rose

Wer denkt bei dem Begriff »Rose« spontan an die schlichten Wildrosen mit ihren fünf Blütenblättern? Und doch ist diese so einfache Blütenform die Urform der Rose und aller Rosengewächse. Aus dieser »Rosette« hat die Natur an den unterschiedlichsten Standorten eine unglaubliche Vielfalt an Farben, Formen und Pflanzengestalten entstehen lassen.

Um die Fülle der Pflanzen in eine übersichtliche Form zu bringen, hat der große schwedische Botaniker Carl von Linné (1707 bis 1778) ein Ordnungssystem mit lateinischen Namen aufgestellt.

Unsere heimische Hundsrose beispielsweise wird botanisch folgendermaßen eingeordnet:

Pflanzenfamilie: Die Hundsrose zählt wie alle Rosen zu den Gehölzen und gehört damit zur Pflanzenfamilie der Rosengewächse (*Rosaceae*), ebenso wie Apfel, Pflaume, Kirsche oder Aprikose.

Gattungsname: Der lateinische Name *Rosa* steht für die Gattung.

Artname: Zum Gattungsnamen tritt ein weiteres Wort, das die Art definiert, im Falle der

'Raubritter' ist eine der frosthärtesten Rambler-Kletterrosen und daher als Kaskaden-, Hänge- oder Trauerrose trotz etwas Mehltau zu empfehlen.

Die Vielfalt der ROSEN

Hundsrose *Rosa canina* . Lateinische Gattungs- und Artnamen sind international einheitlich und werden immer *kursiv* geschrieben. Kreuzungen aus zwei Arten werden mit einem »x« gekennzeichnet, zum Beispiel *Rosa x kordesii.*

Name des Beschreibers: Um Verwechslungen auszuschließen, wird der Beschreiber einer Art – meist abgekürzt – nach dem Artnamen genannt. Die Hundsrose hat Linné selbst beschrieben, daher wird sie mit *Rosa canina* L. angegeben.

Sortenname: Dagegen erhalten die vielen Rosenzüchtungen, die sogenannten Sorten, vom jeweiligen Züchter Phantasienamen, die mit einfachen Anführungszeichen markiert werden, zum Beispiel die weltberühmte Sorte 'Gloria Dei'.

Stammt eine Sorte noch unmittelbar von einer Wildrose ab, so wird diese Ursprungsart gelegentlich mit angegeben, beispielsweise *Rosa canina* 'Kiese'.

Die Einteilung der Rosen

Die Fülle an Rosen, ihre Verwandtschaftsbeziehungen und die Möglichkeiten ihrer Verwendung verlangen außer der botanischen noch eine andere Ordnung.

Wildrosen

Wildrosen (→ Rosenporträts, Seite 86 bis 93) sind in der Natur entstandene Rosenarten.

Ihre heimischen Standorte liegen nur auf der Nordhalbkugel der Erde, das heißt in gemäßigten Klimazonen. Wildrosen haben nicht vermocht, sich an tropische Hitze anzupassen und die Südhalbkugel zu besiedeln – ausgenommen mit menschlicher Hilfe.

Die Gestalt der Wildrosen ist unterschiedlich. Sie können teppichartig den Boden bedecken, Sträucher oder Büsche bilden und sogar klettern. Natürlich ist nicht jede einfachblühende Rose eine Wildrose. Sie kann durchaus eine Kulturrose mit wildrosenähnlichem Charakter sein.

Kulturrosen

Bei diesen meist aus Züchtungen entstandenen Rosen unterscheidet man nach ihrer Verwendung Beetrosen, Strauchrosen, Kletterrosen und Zwerg- oder Miniaturrosen. Hinzu kommen Bodendecker-Rosen, Kaskaden- und Hochstammrosen als ausgesprochene »Verwendungsgruppen«, die sich teilweise mit den herkömmlichen Gruppen überlappen.

Kletterrosen (→ Rosenporträts, Seite 94 bis 103): Sie lassen sich nach dem Blühverhalten oder dem Wuchstyp einteilen.

- Blühverhalten: Viele Sorten blühen nur einmal und stehen damit den Wild-Kletterrosen noch recht nahe. Daneben gibt es eine ganze Reihe von öfterblühenden Sorten, die nach dem ersten Flor im Juni – oft mit kurzer Blühpause – wieder austreiben und bis zum Herbst laufend nachblühen.
- Wuchstyp: Man unterscheidet zwischen Kletterrosen mit steifen, starren Trieben (Climber) und solchen mit weichen, biegsamen Trieben (Rambler).

Strauchrosen (→ Rosenporträts, Seite 104 bis 123): Sie werden in einmal- und öfterblühende eingeteilt.

Bodendecker-Rosen (→ Rosenporträts, Seite 124 bis 131): Die Gruppierung erfolgt in flach beziehungsweise höher wachsende Sorten. Sie werden nach insgesamt vier Wuchstypen eingestuft (→ Seite 125). Diese bringen es mit sich, daß unter dem Begriff Bodendecker-Rosen sowohl niederliegende, kriechende Kletterrosen als auch breit oder überhängend wachsende Strauchrosen sowie dicht verzweigte, büschelblütige Beetrosen zu finden sind.

Beetrosen (→ Rosenportraits, Seite 132 bis 149): Da alle Beetrosen seit ihrer Entstehung öfterblühend sind, braucht man hier andere Unterscheidungsmerkmale: die Größe der Blüte und den Blütenstand.

- Die Großblumigen sind weitgehend identisch mit den Teehybriden, den »Edelrosen«. Ihre Blüten sind groß, stehen meist einzeln auf einem Stiel und sind in aller Regel gefüllt. Viele Sorten duften.
- Die Büschelblütigen sind gefüllt, halbgefüllt oder einfach und stehen immer zu mehreren in Dolden oder Rispen auf einem Stiel.

Kletterrosen wie 'Bobbie James' (hinten) und 'New Dawn' (rechts) umspielen eine Pergola. Davor blühen Frauenmantel (gelbgrün) und Storchschnabel (pink).

Zwerg- oder Miniaturrosen: Diese Rosen teilt man nicht weiter ein. Sie sind alle kleinwüchsig und öfterblühend. Ob die eine Sorte mehr einzel- oder mehr büschelblütig ist, spielt angesichts der geringen Blütengröße keine Rolle.

Zur Entstehung der modernenGartenrosen

Die Wildrose muß die Menschen verschiedener Regionen möglicherweise schon vor über 5000 Jahren interessiert haben. Wir können aber den Weg ihrer Domestizierung heute nicht mehr rekonstruieren.

Im Europa des Mittelalters kannte man bereits zahlreiche Rosen, die vor allem als Heilpflanzen oder auch als Nahrungspflanzen in Klostergärten kultiviert wurden.

Die Alten Rosen

Bis ins 18. Jahrhundert gab es in Europa außer den Wildrosen hauptsächlich verschiedene Sorten der Gallica-, Damaszener-, Alba- und Zentifolien-Rosen, die alle – bis auf die Damaszener-Rosen – nur einmal blühten. Gemeinsam ist vielen Alten Rosen der Duft. Als um 1750 Rosen aus China hinzukamen, entstanden durch Einkreuzen mit ihnen neue Rosengruppen, die durchwegs öfter blühten:

- Portland-Rosen (mit kräftigeren Farben als die meisten Damaszener-Rosen),
- Bourbon-Rosen (blühten bereits deutlich nach),
- Noisette-Rosen (meist büschelartig, aber ziemlich großblumig und gut nachblühend),

Die Vielfalt der ROSEN

- Teerosen (stark gefüllte Blüten, wobei kaum eine Sorte bei uns winterhart ist),
- Remontant-Rosen (große Blüten, kräftige Farben, steife Blütenstiele, auffällige Bewehrung und bedeutend frosthärter als Teerosen). Sie können als Bindeglied zwischen Alt und Modern angesehen werden.

Großblumige Rosen
Die wohl bekanntesten modernen Gartenrosen sind die Teehybriden, auch Edelrosen genannt. Durch den Einfluß des chinesischen Erbteils aus der Teerose sind sie dauerblühend vom Hauptflor im Juni bis zum ersten stärkeren Frost, haben aber eine geringere Frosthärte als die einmalblühenden Rosen. Unter Teehybriden versteht man heute nur noch großblumige Beetrosen, deren Blüten in der Regel einzeln auf dem Stiel stehen.
Durch die Chinarosen waren neue Farben, vor allem ein kräftiges Rot, in die Edelrosen gelangt. Allerdings hatten viele dieser Züchtungen die Anfälligkeit für Rost- und Sternrußtau der Ursprungssorten geerbt. Erst dem Züchter Francis Meilland gelang 1945 mit seiner gelben Teehybride 'Gloria Dei' der Durchbruch zu gesünderen Teehybriden (→ auch Seite 133).

Büschelblütige Rosen
Neben den »Großblumigen« gibt es die sogenannten Polyantha-Rosen. Sie sind vielblütig, das heißt dolden-, rispen- oder eben büschelblütig. Wir zählen sie heute mit den aus ihnen entstandenen Floribunda-Rosen zu den »Büschelblütigen«.
Polyantha-Rosen sind zumeist öfterblühende oder sogar dauerblühende Sorten. Was lag da näher, als Teehybriden und Polyantha-Rosen miteinander zu kreuzen, um etwas Neues zu schaffen. Mit der Sorte 'Gruß an Aachen' des Züchters Geduldig (1908) entstand die erste Floribunda-Rose. Die Entwicklung vorangetrieben hat der Däne Svend Poulsen, der Rosen entwickeln wollte, die im kurzen skandinavischen Sommer möglichst reich blühen und trotzdem frosthart sind.
Miniaturrosen, Zwergbengal-Rosen, Zwergrosen: Diese drei Begriffe werden synonym für sehr niedrige, kaum höher als 30 cm werdende, öfterblühende Rosen verwendet, deren Triebe dünn sind und kurze Blattabstände (Internodien) haben. Dies sind die einzigen Gartenrosen, deren Blätter oft nur drei Fiederblättchen besitzen. Sie traten als Topfrosen den Siegeszug auf dem Markt an. Im Garten blieben sie wegen Anfälligkeit nur mäßig beliebt.

Die Stacheldraht-Rose, *Rosa sericea pteracantha* trägt blutrote Stacheln neben feinen Borstenhaaren.

Kletterrosen
Wildrosen, die über den Boden kriechen wie *Rosa wichuraiana* Crép. und solche, die in Bäume und Sträucher hineinwachsen wie *Rosa multiflora* Thunb. sind natürliche Ausgangsformen für Kletterrosen.
Von *Rosa multiflora* (→ Foto, Seite 91) wurde bereits 1804 die Sorte 'Carnea' nach England eingeführt. Da nahezu alle Sorten, die aus 'Carnea' entstanden sind, wie die-

se nur einmal blühen, haben sie später leider an Bedeutung verloren. Genannt seien nur 'Veilchenblau' (1909; →Foto, Seite 98), 'Maria Lisa' (1925; →Foto, Seite 99) und 'Chevy Chase' (1939; → Foto, Seite 153).
Rosa wichuraiana (→ Foto, Seite 91) gelangte 1861 aus Japan nach Deutschland. Aber erst ab 1900 wurden die zahlreichen Züchtungen mit ihr und der nahe verwandten *Rosa luciae* bekannt, wie 'American Pillar' (1905; → Foto, Seite 98) und die Weltsorte 'New Dawn' (1930; → Foto, Seite 97).
Rosa x kordesii ist 1940 entstanden, als der Züchter Wilhelm Kordes eine der seltenen Früchte der fast sterilen Arthybride 'Max Graf' aussäte. Sie gelangte aber nie in den Handel. Nur als Ausgangsart für unzählige öfterblühende Kletter- und Strauchrosen wurde sie berühmt, obwohl sie selbst nur einmalblühend ist.

Die Anmut der Wildrose spricht noch aus der 1913 entstandenen Lambertiana-Rose 'Arndt', einer nachblühenden Kletterrose mit Seltenheitswert (oben). Auffallende Hagebutten bei *Rosa rugosa* und ihren Sorten (rechts).

Die moderne Züchtung
Hier werden die Abgrenzungen zwischen den Gruppen immer mehr verwischt, weil neue Kombinationen bisher getrennter Eigenschaften und Merkmale besonders reizvoll erscheinen. Wichtige Ziele sind heute Duft und Widerstandsfähigkeit.

Rosen PRAXIS *Botanik*

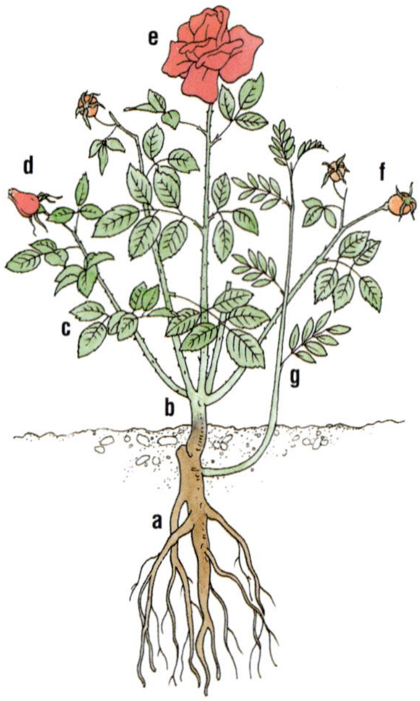

1 Aufbau einer Rose
a Wurzel
b Veredelungsstelle
c Blatt
d Knospe
e Blüte
f Hagebutte
g Wildtrieb

Die Rose, botanisch *Rosa*, ist ein Gehölz und gehört zur Familie der Rosengewächse (*Rosaceae*). Zu ihrer Verwandtschaft zählen so unterschiedliche Pflanzen wie Apfelbaum und Fingerstrauch, Erdbeere und Weißdorn, Geißbart und Frauenmantel. Alle Rosensorten, die auf weit über 20.000 geschätzt werden, stammen direkt oder indirekt von Wildrosen ab.

Eine Rose besteht wie die meisten Pflanzen aus der Wurzel in der Erde und dem oberirdischen Sproß.

Wurzel (→Zeichnung 1a)
Die Wurzel der Rose wächst besonders tief in den Boden. Das dient nicht nur einer guten Verankerung, sondern auch der optimalen Wasserversorgung selbst bei längerer Trockenheit.
Durch Zellneubildung und das Streckungswachstum der Zellen wird die Wurzelspitze in den Erdboden hineingetrieben wie der Nagel ins Holz. Hinter der Streckungszone der jungen Zellen wachsen die Wurzelhaare aus den Zellen der Oberhaut (Epidermis). Sie nehmen Wasser und darin gelöste Nährstoffe auf.

Veredelungsstelle
(→Zeichnung 1b)
Der Wurzelhals ist die Verbindungsstelle zwischen der Wurzel und dem Sproß. Er ist für Rosen sehr wichtig, denn an ihm wird außer bei Hochstammrosen die Veredelung ausgeführt (→Praxis Veredeln, Seite 58 und 59).

Sproß
Bei der Rose besteht der Sproß aus den Basistrieben oder einem Stamm, den jungen einjährigen Trieben (oder Zweigen) sowie den Blättern, der Knospe, Blüte oder später Frucht, die man Hagebutte nennt.

Blätter (→Zeichnung 1c)
Die Blätter sind stets unpaarig gefiedert und setzen sich aus 3, meist aber 5, 7, 9, ja sogar bis zu 15 eiförmigen oder elliptischen, am Rand gezähnten Fiederblättchen zusammen. Die Blattspreite kann glatt sein, einseitig oder beiderseits behaart. Rosenblätter variieren von zart und dünn bis ledrig-derb, von matt bis glänzend, von braunrot beim Austrieb bis zu allen Grünschattierungen.

Knospen (Augen)
Die Knospen bilden sich in den Blattachseln und werden bei Rosen meist »Augen« genannt. Sie haben an ihrer Seite oft »schlafende«, also ruhende »Beiaugen«, als kleine rote Pünktchen zu erkennen. Normalerweise treiben diese nicht aus, es sei denn, sie werden dazu angeregt, zum Beispiel durch den Wegschnitt großer Sproßteile unmittelbar über dem Auge (→Praxis Veredeln und Vermehren, Seite 58 und 59).

Stacheln
Die Stacheln sitzen direkt auf der Rinde. Im Unterschied zu Dornen kann man sie wegdrücken, ohne die Rinde ernsthaft zu verletzen.

2 Einfache Blüte

5 Becherförmige Blüte

Die Redewendung »Keine Rose ohne Dorn« ist also, botanisch gesehen, falsch. Die Form der Stacheln variiert von nadelförmig-borstig über hakenförmig bis extrem breitflügelig oder dreieckig. Stacheln können der Rose, einem sogenannten »Spreizklimmer«, zum Klettern dienen. Gegen Wildverbiß schützen sie allerdings kaum. Nur bei wenigen Rosenarten gibt es auch stachellose Formen, zum Beispiel bei *Rosa pendulina*, *Rosa banksiae* und *Rosa multiflora*.

Blüte (→Zeichnung 8)
Die Blüte steht allein an kurzen oder längeren Stielen oder auch in Blütenständen. Aus dem Stiel verdickt sich der unterständige Fruchtknoten, in dem sich die Fruchtblätter mit Griffel und Narbe befinden. Rings um die Narbe sind in Kranzform die Staubgefäße angeordnet, die den Pollen hervorbringen. Wenn er eine Narbe bestäubt hat, keimt er wie ein Samen aus und bildet einen Pollenschlauch, der durch den Griffel zur Samenanlage wächst. Dort befruchtet er mit seinem Inhalt die Eizelle durch Kernverschmelzung. Aus den Eizellen bilden sich die Samen. Kommt in keiner der Eizellen eine Befruchtung zustande, so fällt der Fruchtknoten ab.
Blütenstand: Die Blüte kann einzeln oder zu mehreren in Büscheln stehen bis hin zu großen vielblütigen Dolden beziehungsweise flachen oder kegelförmigen Doldenrispen. Diese tragen meist verkümmerte oder gar keine Laubblätter.

8 Aufbau einer Blüte
a Fruchtknoten
b Fruchtblätter
c Kelchblatt (Sepale)
d Blütenblatt (Petale)
e Staubgefäß, dazwischen die Narbe auf dem Griffel

Die Anzahl der Blütenblätter (Petalen) beträgt bei allen Wildrosen der ganzen Welt 5. Die einzige Ausnahme bildet *Rosa sericea* Lindl. aus dem Himalaja. Sie hat meistens 4 und nur gelegentlich 5 Petalen. Bei den Edelrosen variiert die Anzahl zwischen der einfachen Blüte (→Zeichnung 2), die weniger als 8 Blütenblätter hat, über die halbgefüllte (→ Zeichnung 3) mit 8 bis 20 bis zur extrem gefüllten mit bis zu 70 und mehr Blütenblättern.
Die Blütenformen ergeben sich aus der Anzahl und Form der Blütenblätter. Es gibt hochgebaute (→Zeichnung 6), kugelige, becherförmige (→Zeichnung 5), rosettenförmige (→Zeichnung 4), geviertelte (→Zeichnung 7), stern- und nelkenförmige sowie formlose, flattrige Blüten.

3 Locker gefüllte Blüte

4 Rosettenförmige Blüte

6 Hochgebaute Blüte

7 Geviertelte Blüte

Standortansprüche der
ROSEN

Rosen sind sonnenhungrig und lieben eine leichte Brise. Von Sonne, Boden und Temperatur abhängig sind sogar Blütenfarbe und Duft. Am optimalen Standort bildet 'Frühlingsduft' große Sträucher und blüht im Mai üppig. Oft erfreut sie auch im August noch einmal mit einer bescheidenen Nachblüte.

Die heimischen Wildrosen sind seit Jahrtausenden an mitteleuropäische Verhältnisse bestens angepaßt, was man von unseren gezüchteten Kulturrosen nicht immer sagen kann. Durch Kreuzungen mit Rosen-Arten, die aus anderen Klimazonen kommen, haben die neu entstandenen Sorten mitunter auch die Vorliebe für das dortige Klima geerbt . Daneben spielen auch die Standortbedingungen im Garten eine beachtliche Rolle für das Wohlbefinden der Pflanzen. »Sonnenfallen«, »Kälteseen« und Staunässe werden gar nicht geschätzt.

Was Rosen besonders lieben

Ökologie – ein vielschichtig benutztes Wort – bedeutet wörtlich aus dem Griechischen übersetzt »Kunde von Zuhause«. Auf Pflanzen bezogen meint es nichts anderes als Standortkunde. Klima, Boden, Lage bestehen ihrerseits wieder aus vielen Faktoren, die sich gegenseitig beeinflussen und auf die Pflanze einwirken. Wenn Sie darum wissen, können Sie Ihren Rosen ein artgerechtes Leben bieten.

Ansprüche an den Gartenboden

- Er soll tiefgründig, locker, nährstoffreich, krümelig und gut durchlüftet sein, denn die Wurzeln der Rose brauchen auch Sauerstoff.
- Er soll überschüssiges Wasser bald versickern lassen, aber trotzdem ein gutes Wasserhaltevermögen haben, um nicht zu schnell auszutrocknen.

Dabei sollte der pH-Wert zwischen 6,2 und 7,1 liegen. Rosen gedeihen in einem leicht sauren, neutralen bis schwach alkalischen Boden am besten.

Ein garer Lehmboden erfüllt tatsächlich diese Wünsche. Er ist der ideale Rosenboden und zeichnet sich meist durch Humusreichtum, lockere Krümelstruktur und intensive Tätigkeit der Bodenorganismen aus.

Sandböden lassen sich durch regelmäßige Humuszufuhr bindiger machen und beleben.

Schwere, verdichtete Böden sind bei Rosen nicht beliebt. Mit einer Drainage kann man jedoch oft auch staunasse Böden noch ausreichend verbessern.
Moorböden sind für Rosen nicht geeignet. Einen Moorboden erkennen Sie an der schwarzen Farbe und an der oft schmierigen organischen Struktur. Anmoorige, saure Böden

Der Rosenbogen mit 'New Dawn' bildet den Rahmen für das einladende Gartenensemble. Blickfang ist die Steinvase im Vordergrund mit diversen Fetthenne- und Hauswurzarten der Gattungen *Sedum* und *Sempervivum*.

mit einem zu tiefen pH-Wert kann man in wenigen Jahren vorsichtig auf eine rosenverträgliche Höhe aufkalken.
Die »Fingerprobe« läßt Sie erkennen, welche Bodenart vorliegt. Nehmen Sie einen Eßlöffel voll feuchter Erde in die Hand.
• Bei vorwiegend sandigen Böden spüren Sie die einzelnen Sandkörner rauh zwischen den Fingern. Die Erde haftet weder

Verwunschener Garten mit Überraschungen. Die Kleinstrauchrosen 'Eye Opener' im Vordergrund verbindet sich mit Rittersporn und anderen Begleitstauden. Über die Pergola wuchert 'Veilchenblau' (rechts), während die aus dem Hintergrund leuchtende 'New Dawn' das alte Landhaus in ein Dornröschenschloß verwandelt.

an den Händen, noch läßt sie sich formen.

- Lehmiger Boden fühlt sich samtig-mehlig an, läßt sich formen und haftet an den Fingern.
- Tonigen Boden kann man wie einen Teig formen. Er fühlt sich schmierig an und bekommt, wenn man mit den Fingern auf der Bodenprobe entlangstreicht, eine glänzende Oberfläche.

Außer Ton- und Moorböden werden alle Bodenarten von Rosen akzeptiert.

Klimatische Extreme unerwünscht

Rosen vertragen unser Klima, aber sie leiden, wenn klimatische Extreme oder anhaltende Dauerbelastungen auftreten.

Extreme Kälte:

- Nur einmalblühende Rosen schließen im Sommer mit ihrem Trieb ab, lassen ihn bis zum Herbst ausreifen und befinden sich dann beim Wintereintritt in einer Ruhephase, in der ihnen Frost nichts anhaben kann.
- Öfterblühende Rosen besitzen hingegen ein Erbteil der Chinarosen, die in wintermilden Klimagebieten heimisch sind, und keine Ruheperiode kennen. Eine Teehybride würde bei Wintertemperaturen zwischen +15 °C und +25 °C fortwährend junge Triebe mit Blüten bilden. Auf kalte Temperaturen reagiert sie nur durch eine deutliche Verlangsamung ihres Wachstums. Bei Frost kann aber das »unter Saft« stehende Holz leicht Schaden nehmen.

In der Regel sind daher einmalblühende Rosen frosthärter als öfterblühende. Dank Züchtung und Auslese gibt es inzwischen öfterblühende Rosen, die trotz ihres Chinarosen-Erbteils einigermaßen frosthart sind.

Wichtig: Senken, in die bei Frost Kaltluft fließt und sich seeartig sammelt, sind ungeeignete Standorte für empfindliche Gartenrosen. Herbe Spätfröste können dort wiederholt den Austrieb oder sogar die erste Blüte zerstören. Auch extreme Winterkälte kann hier auftreten.

Hanglagen profitieren dagegen vom Abfluß der Kaltluft, können aber bei Südneigung Gewebeschäden durch Frost und Sonne sowie hochsommerliche Verbrennungsschäden an den Blüten hervorrufen und zu schnell austrocknen.

Trockenheit und Windstille führen zu Schädlingsbefall. Die Rose leidet unter Spinnmilben und Blattläusen oder Mehltau mehr als unter »echtem« Vertrocknen von Blättern und Zweigen. Die tiefreichenden Wurzeln der Rose versorgen die Pflanze meist auch bei anhaltender Trockenheit noch ausreichend mit Wasser. Gut eingewurzelte Rosen brauchen daher nur in Ausnahmefällen eine zusätzliche Bewässerung. Beim Gießen besser einmal gründlich wässern als mehrmals nur die Oberfläche benetzen.

Wind: Extreme Hitze und extreme Kälte werden beide in ihrer Wirkung durch Wind verstärkt. Leichter Wind ist ausgesprochen wünschenswert, Zugluft und heftiger Wind dagegen weniger. Zu windarmen Zeiten darf kein Hitzestau entstehen, der Krankheiten und Schädlinge begünstigt (→ oben).

Sorten, die gegen Mehltau empfindlich sind, besser vom kühlen Luftzug umspülen lassen. Durch Sternrußtau gefährdete Sorten an schnell abtrocknende offene Sonnenstandorte setzen.

Niederschläge: Ob Sie in einer Gegend mit viel oder wenig Niederschlägen wohnen, ist für Rosen nicht entscheidend, wenn sie einen gut vorbereiteten, durchlässigen Boden haben. Auch häufige Gewitter brauchen den Gartenfreund nicht von der Rosenpflanzung abzuhalten. Ein leichter Wind nimmt das überschüssige Wasser schnell auf.

Ungünstig sind jedoch extreme Tau- und Nebellagen, denn die hohe Luftfeuchtigkeit fördert den Befall mit Schadpilzen wie Sternrußtau. Oft reicht schon der Schutz durch eine Hauswand aus, um solche Lagen rosenwürdig zu machen.

Die Kletterrose prägt den Ort: Ländliche Idylle, geschaffen mit 'Fugue', einer Züchtung Meillands aus dem Jahre 1958.

Standortansprüche der ROSEN

Sonne und Licht
Rosen sind recht licht- und sonnenhungrig, so daß man ihnen stets vollsonnige Standorte im Garten anbieten sollte. Freilich gibt es einige Rosen-Arten und -Sorten, die auch im lichten Halbschatten noch ausreichend gut gedeihen (→ Rosenporträts, Seite 82 bis 153). Wärmestau ist zu vermeiden.
Vorsicht bei Sonne im Winter: Was im Sommer gut ist, gilt nicht unbedingt für den Winter. Zwischen der Sonnen- und der Schattenseite eines saftigen Rosenzweiges treten innerhalb weniger Stunden große Spannungen im Gewebe auf. Der Zweig kann innerlich zerreißen und dann absterben.
Eine weitere Gefahr ist das Vertrocknen. Bei gefrorenem Boden können Rosenwurzeln kein Wasser aufnehmen. Trotzdem verdunstet gespeichertes Wasser über ihre Triebe, so daß ein Feuchtigkeitsdefizit entsteht. Vom Anhäufeln bis zum Abdecken mit Fichtenzweigen oder Jutegewebe gibt es mehrere Möglichkeiten, der Rose zu helfen, ihre Verdunstung zu vermindern und Gewebespannungen zu vermeiden (→ Praxis Überwintern, Seite 38 und 39).

Der Boden lebt

Je weiter ein Boden vom beschriebenen Idealboden abweicht, umso wichtiger wird der Humusgehalt und die Pflege des Bodenlebens durch Zufuhr von humifizierbarer, organischer Substanz. Unzählige Mikroorganismen und Heerscharen unterschiedlichster Bodentiere, von Würmern über Krustentiere bis zu Insekten und sogar Kleinsäugern, arbeiten rund um die Uhr in diesem Boden, durchmischen ihn und schließen ihn so für die Pflanzenwurzeln auf.

Mitarbeiter Regenwurm
Für die Bodenstruktur am bedeutungsvollsten ist der Regenwurm. Er frißt abgestorbene Pflanzenteile wie zum Beispiel altes Laub oder Stalldung und nimmt dabei auch mineralische Bodenbestandteile auf. Er vermengt dann in seinem Verdauungstrakt die organische Substanz mit den Tonmineralen des Bodens und scheidet allerfeinsten Humus aus. Durch seine Verdauung entstehen die sogenannten Ton-Humus-Komplexe, die für die gewünschte Krümelstruktur des Bodens sorgen. Diese ist für das Gedeihen der Rosen wichtiger als die reine Nährstoffversorgung und erleichtert den Wurzeln den Zugang zu den Bodenpartikeln und -kapillaren.
Die Regenwürmer sind aber nicht nur Humusproduzenten, sondern sorgen durch ihre Gänge im Boden auch dafür, daß der Boden mechanisch gelockert wird, was zur guten Durchlüftung und Wasserführung beiträgt. Viele andere Tiere leisten ähnliche Arbeit im Boden. Selbst der Maulwurf, der seinerseits von vielen dieser Bodentiere lebt, trägt mit seiner Grabarbeit zur Bodenverbesserung bei. Die Bodenorganismen sind somit die besten Mitarbeiter des Gärtners.

Was ist Bodenmüdigkeit?
Wenn bei Nachpflanzungen der gleichen Pflanzenart auf demselben Boden Minderwuchs auffällt, spricht man von »Bodenmüdigkeit«. Sie tritt nur bei einigen Pflanzen-Arten oder -Familien auf. Bei den Rosengewächsen ist sie besonders häufig zu finden, zum Beispiel auch bei Obstgehölzen.
Wann zeigt sich Bodenmüdigkeit? Sie tritt nur auf, wenn Rosen auf einen Boden gepflanzt werden, auf dem zuvor Rosen gestanden hatten. Eine Rose kann also jahrzehntelang an ein und demselben Standort üppiges, gesundes Wachstum ohne jede Störung zeigen, während in unmittelbarer Nachbarschaft eine Rosen-Nachpflanzung unerklärlich vor sich hin kümmert. Solche Bodenmüdigkeit scheint auf leichten, sandigen Böden in der Regel stärker und gefährlicher aufzutreten als auf Lehmböden mit einem hohen Anteil an Tonmineralen.
Die Toxin-Hypothese: Man vermutet, daß Stoffwechselausscheidungen aus den Rosenwurzeln, zum Beispiel arttypische Gifte (Toxine), auch im Boden bleiben, wenn diese Rosen entfernt werden. Die Stoffe hemmen vermutlich das Wachstum der später neu ge-

Nostalgische Vollkommenheit zieht den Blick in die Einzelblüte hinein. *Rosa centifolia variegata* 'Village Maid' zeigt an der Knospe noch eine leichte, später verlaufende Panaschierung.

pflanzten Rosenwurzeln. Normalerweise erschließt sich eine Pflanze durch ihr stets nach außen wachsendes Wurzelwerk immer neue Bodenbereiche und wächst niemals in ihre alten eigenen Wurzelkanäle hinein

Bei der Nachpflanzung mag das anders sein. Die im Boden verbleibenden Wurzeln der gerodeten Pflanzen zersetzen sich und bilden dadurch feine Humuskanäle im Boden. Die jungen Wurzeln der nachgesetzten Pflanzen wachsen möglicherweise schon wegen des geringen Widerstandes gern in diese Wurzelkanäle hinein, kommen dort aber mit den Giftstoffen (Toxinen) in oder am Rande dieser Kanäle in Berührung und werden in ihrer Entwicklung gehemmt.

Dieses Denkmodell ist wissenschaftlich keinesfalls erhärtet, stimmt jedoch mit eigenen Erfahrungen überein.

Erfahrungen aus der Praxis

Vier Jahre lang wurden mit den Sorten 'Sommerwind' und 'Lavender Dream' im Deutschen Rosarium in Dortmund Tests durchgeführt, die zu interessanten Ergebnissen geführt haben.

Der Versuch: Die beiden Sorten wurden in Parzellen gepflanzt, die bereits mit Rosen bepflanzt waren.

Beim Roden des alten Rosenbestandes wurde sorgfältig darauf geachtet, daß alle erreichbaren Rosenwurzeln mit den Pflanzen herausgezogen oder beim nachträglichen Bearbeiten des Bodens herausgesammelt wurden.

Für die anschließende Bodenverbesserung wurde einjährig abgelagerter, gut verrotteter Pferdemist verwendet, bei dem als Einstreu nur ungespritztes Stroh genommen worden war.

Halmverkürzende Wirkstoffe, die den Rosen hätten schaden können, gab es darin also nicht. Ähnlich gute Ergebnisse sind vermutlich auch mit handelsüblichem Rinderdung zu erreichen. Das Meeresalgenprodukt Alginure soll sich für solche Fälle ebenfalls bewährt haben.

- Auf eine vier Quadratmeter große Parzelle wurde eine Schubkarre voll Mist (etwa 120 Liter) aufgebracht und gut untergegraben.
- Bei der Pflanzung nach einigen Monaten wurde in das Pflanzloch nochmals eine geringe Menge gut verrotteten Mistes mit der Pflanzerde vermischt.
- Die Pflanze wurde gut angetreten und nach Bedarf gewässert.

Das Ergebnis: Bodenmüdigkeit machte sich nicht bemerkbar. Die Wuchsleistung der beiden Probesorten befriedigte in den drei nachfolgenden Jahren voll.

Wie eine Einladung in einen verwunschenen Garten. Symmetrisch gestaltet und doch reizvoll verspielt. Die Buchsbaum-Halbkugeln rechts und links neben dem Eingang leiten Blick und Schritt in den Garten. Die Mauerkrone umranken von links nach rechts die Kletterrosen'Paul Transon', 'Chaplin's Pink Climber' und 'New Dawn'.

Kaufen, Pflanzen und
PFLEGEN

Lassen Sie sich beim Kauf Ihrer ersten Rosen vom Fachmann beraten, denn Rosen haben nicht nur sortenspezifische Wünsche, sogar ihre Farbe kann gewisse Pflegemaßnahmen notwendig machen. Zartweiße Blüten zum Beispiel werden bei Regen schnell braun. Hier die strauchig wachsende Rugosa-Hybride 'Henry Hudson' mit Blüten wie aus Porzellan.

Die ersten Rosen für den eigenen Garten werden fast immer spontan gekauft. Die Enttäuschung ist groß, wenn sie krank werden oder ganz anders blühen als erwartet. Informieren Sie sich deshalb genau über eine Sorte, bevor Sie sich für sie entscheiden. Trägt sie gesundes Laub bis zum Herbst, blüht sie reichlich und möglichst ausdauernd? Die Rose soll mit ihrer Gestalt und Farbe in den für sie ausgesuchten Teil des Gartens auch hineinpassen. Also bestimmt der vorgesehene Standort ganz wesentlich die Wahl der Rose.

Tips zum Kauf

Es gibt einige Qualitätsmerkmale, auf die Sie achten sollten.

Intakte Wurzel: Ein kraftvolles, flottes Wachstum kann nur eine gesunde Pflanze mit einer intakten Wurzel bringen. Achten Sie darauf, daß die Wurzeln frisch und kräftig sind.

Sortenechtheit: Wenn Sie Rosen bestellen, so erklären Sie sich nicht mit der Lieferung von Ersatzsorten einverstanden. Wählen Sie Ihre Sorte aus und bestehen Sie auf Sortenechtheit.

Güteklassen: Man unterscheidet zwischen A- und B-Ware. Eine Rose der Kategorie A muß ein gut verzweigtes Wurzelwerk und drei kräftige Triebe direkt aus der Veredlungsstelle aufweisen – oder wenigstens handbreit darüber. Rosen der B-Qualität besitzen nur zwei kräftige Triebe.

Aussehen der Triebe: Das grüne Holz der Rosenzweige muß glatt und prall sein. Leichte Schrumpfungsrillen der Oberhaut – meist in Längsrichtung – deuten auf erheblichen Wasserverlust bei der Lagerung der Rosen hin. Vor .Mitte Oktober sollten Rosen nicht gerodet und geliefert werden.

Die duftende Strauchrose 'Schneewittchen' bildet zauberhafte Hochstämme (→Seite 5). Hier ist sie Blickpunkt zwischen Begleitstauden wie *Geranium*, *Hosta*, *Digitalis* und *Salvia sclarea* (rechts).

Kaufen, Pflanzen und PFLEGEN

Mein Tip: Kaufen Sie keine Rosen mit Rindenflecken oder Trockenschäden.

Die beste Pflanzzeit

Pflanzen im Spätherbst: Ab Mitte Oktober bis zum ersten kräftigen Frost ist die beste Pflanzzeit. Die Pflanze kann in dieser Zeit noch gut einwurzeln und ist dann im Frühjahr bereit, den jungen Austrieb sofort mit Nährstoffen und Wasser zu versorgen.

Pflanzen im Frühjahr: Solange der Boden offen und nicht zu naß ist, kann man den Winter über bis zum Frühjahr pflanzen. Mehrstündiges Wässern der Rosen vor der Pflanzung nicht vergessen. Mitte April sollten die Rosen aber im Boden sein (Richtig einpflanzen → Praxis Pflanzen, Seite 32/33).

Mein Tip: Niemals Frost an die offenen Wurzeln herankommen lassen. Das kann schnell zum Tod der Pflanze führen.

Containerrosen einpflanzen

Seitdem es in Töpfen kultivierte Rosen gibt, kann man sogar den ganzen Sommer über pflanzen. Man sieht die Rosen in blühendem Zustand und kann die Farben im Garten optimal abstimmen. Aufgrund des größeren Pflegeaufwandes sind Containerrosen jedoch etwas teurer als Wurzelware.

- Die Rosen in den Tagen vor der Pflanzung feucht halten, da sie schnell austrocknen.
- Ein mäßiger Rückschnitt der Triebe ist nicht notwendig, trägt aber zur dichten Verzweigung bei. Ein Wurzelschnitt entfällt.
- Rose austopfen: Topf mit Rose umgekehrt auf die Hand legen, obere Topfkante auf Tischkante aufstoßen. Topf nach oben abziehen und Pflanze mit Erdballen in das vorbereitete Pflanzloch geben.

Die einmalblühende Strauchrose 'Hebe's Lip' ist eine aparte Kreuzung, vermutlich zwischen *Rosa damascena* und *Rosa rubiginosa*. Sie hat rote Flecken am Petalenrand.

- Danach Erde auffüllen, antreten und wässern. Im Sommer mehrmals nachwässern, weil die Wurzeln noch keine Tiefe erreicht haben.

Weitere Pflegemaßnahmen

- Sobald Wildlinge auftreten, müssen sie abgerissen oder abgeschnitten werden (→ Praxis Schneiden, Seite 43).
- Wenn ein neuer Anstrich des Rosenbogens oder einer von Rosen bedeckten Wand unvermeidlich ist, sollte er sofort nach der Hauptblüte durchgeführt werden. Muß die Rose dabei geschnitten werden, so können die Langtriebe dieses Jahres geschont und nach erfolgtem Anstrich wieder angeheftet werden. Auf diese Weise haben Sie schon im nächsten Jahr wieder akzeptable Blüten.
- Eine wichtige Empfehlung zur »Gartenhygiene« ist das Absammeln abgefallener und kranker Blätter. Denn die Sporen keimen und wachsen auf jedem abgefallenen Blatt und infizieren den Strauch aufs neue. Sternrußtau können Sie durch Absammeln der Blätter reduzieren. Sie werden in den Müllsack gegeben und dürfen nicht auf dem Komposthaufen landen. Nur ein Thermokomposter tötet die Sporen durch Verrottungshitze einigermaßen sicher ab.

Die einmalblühende 'Constance Spry' ist halb Strauch-, halb Kletterrose. Hier mit Glockenblumen vor einer Gartenmauer. Sie umrahmt das lauschige Plätzchen wie ein Baldachin.

Mein Tip: Bei allen öfterblühenden Beet- und Strauchrosen Blüten oder Blütendolden sofort nach dem Abblühen bis zum obersten voll ausgebildeten Blatt des Haupttriebes wegschneiden.

Bodenpflege

Die Bodenpflege ist das A und O für gesunde und blütenreiche Rosen im Garten. Ein Boden mit einer intakten, vielseitigen Mikroflora und -fauna und einem reichen Bakterienleben ist auch für Rosen das beste, weil solche Böden gut durchlüftet sind und eine gute Wasserführung besitzen.

Hacken: Durch häufigeres flaches Hacken wird der Boden oberflächig offen gehalten und das Unkraut vernichtet. Auch Gasaustausch wird ermöglicht. Ob man dazu eine flache Hacke oder einen Grubber nimmt, richtet sich in erster Linie nach der Bodenbeschaffenheit. Es reicht aus, wenn man den Boden einmal im Monat durchhackt. Diese Lockerung verbessert auch die Wasserführung.

Mein Tip: Rosenwurzeln beim Hacken nicht verletzen, weil jede Wunde die Pflanze zur Bildung von Wildtrieben anregt.

Mulchen: So bezeichnet man das Abdecken des Bodens mit organischem Material. Es ist nicht nur ein Angebot an die Bodenlebewelt zur Verarbeitung, sondern verhindert auch eine schnelle Austrocknung des Oberbodens durch Sonne und Wind. Die Mulchschicht nimmt das Wasser von Niederschlägen auf und beugt einer Verschlämmung der obersten Bodenschicht vor. Mulchen erspart Hacken. *Fortsetzung →Seite 34*

Rosen PRAXIS *Einpflanzen*

Die beste Pflanzzeit für Rosen ist der Herbst. Stammen sie aus dem Kühlhaus, lassen sie sich sogar noch bis Ende Mai einpflanzen. Hier zeigen wir Ihnen Schritt für Schritt, was zu tun ist, damit es in Ihrem Garten rosig aussieht.

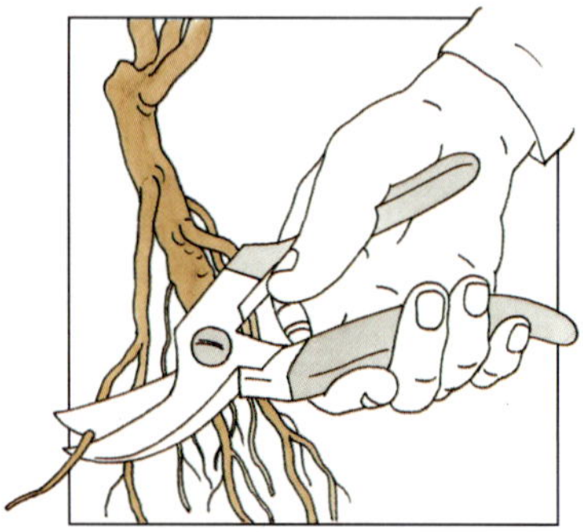

1 Rosen einpflanzen.
a Verletzte Wurzeln entfernen, lange auf 25 cm einkürzen.

Rosen mit blanken Wurzeln – also keine im Container gezogenen – sofort nach ihrer Ankunft auspacken. Wenn nicht gleich gepflanzt werden kann, in einen Eimer mit feuchtem Sand oder in Erde einschlagen.

1 Bodenverbesserung: Sie wurde auf den Seiten 18 bis 27 eingehend behandelt. Eine Vorratsdüngung mit Kalk, Kali und Phosphor ist nur dann notwendig, wenn eine Bodenuntersuchung Defizite aufgezeigt hat. Kalk und Kali nur sparsam einbringen. Einige Wochen vor der Pflanzung düngen, damit der Boden »zur Ruhe« kommen kann. Dünger gut mit der unteren Bodenschicht vermischen.

2 Wässern: Rosen vor der Pflanzung mehrere Stunden in eine Wanne legen und ganz mit Wasser bedecken. Im Herbst genügen 2 – 3 Stunden, im Frühjahr sollten es 6 – 10 Stunden sein.

3 Pflanzschnitt: Vor dem Einpflanzen alle Triebe mehr oder minder stark einkürzen:

- Beetrosen auf 10–15 cm,
- Kletterrosen je nach Wuchskraft auf bis zu 70 cm,
- Strauchrosen auf etwa 30 cm.

Bei Rosen, die kurz zurückgeschnitten geliefert wurden, entfällt der Schnitt im Herbst. Im Frühjahr wird nur »nachgeputzt«.

4 Wurzelschnitt (→Zeichnung 1a): Alle beschädigten oder abgeknickten Wurzeln bis in den gesunden Bereich zurückschneiden. Gesunde Wurzeln auf 20–25 cm Länge (eine Handspanne) einkürzen. Wurzeln in Lehmbrei zu tauchen empfiehlt sich besonders auf leichten Böden, ist aber nicht unbedingt erforderlich.

5 Pflanzloch graben: Pflanzloch so tief und breit ausheben, daß Wurzeln senkrecht hineinpassen und die Veredelungsstelle etwa 5 cm unter der Erdoberfläche liegt (→ Zeichnung 1b).

6 Rose einsetzen: Pflanzerde mit etwas gut verrottetem Kompost sorgfältig vermengen. Rose ins Pflanzloch halten und so lange Erde zugeben, bis es locker gefüllt ist. Darauf achten, daß auch Erde zwischen die Wurzeln gelangt. Hohlräume vermeiden.

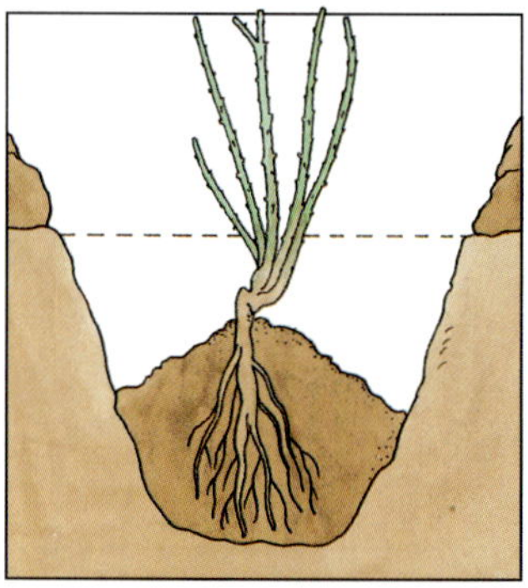

b Die Veredelungsstelle muß 5 cm tief (3 Finger breit) unter die Erde.

c Pflanzerde auffüllen und gut festdrücken oder antreten

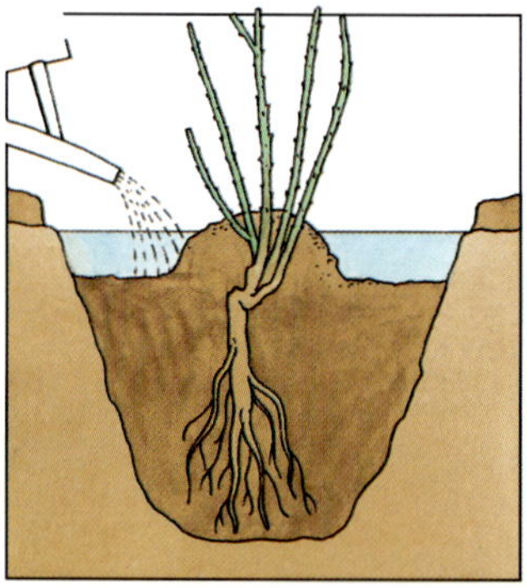

d Gießrand anlegen, danach leicht angießen.

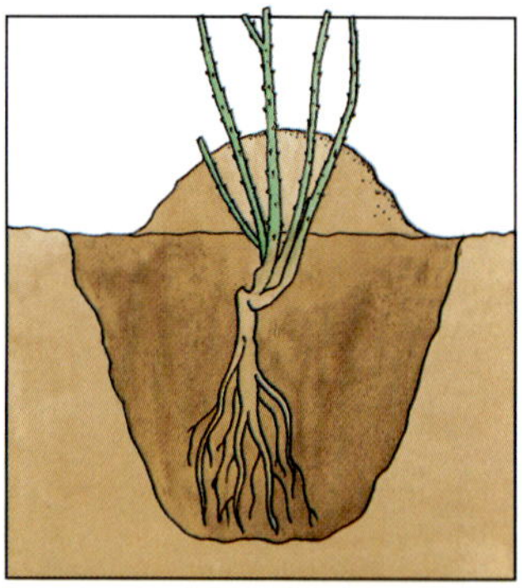

e Erde 15 cm hoch anhäufeln. Schützt vor Frost, Wind und Sonne.

Mein Tip: Die Rose anfangs einige Zentimeter tiefer ins Loch halten, als sie später stehen soll. Danach um diese Zentimeter vorsichtig wieder herausziehen, dann »strecken« sich die Wurzeln gerade.

7 Erde antreten (→Zeichnung 1c): Mit dem Fuß gut antreten, am besten schräg von der Seite her, bis ein Gießrand entsteht. In der Regel wurde ausreichend fest angetreten, wenn man die Rose mit zwei Fingern nicht ohne weiteres aus dem Boden ziehen kann. Bei sehr nassem Boden sanfter antreten, damit er sich nicht verdichtet und dadurch die Pflanze »einzementiert« wird.

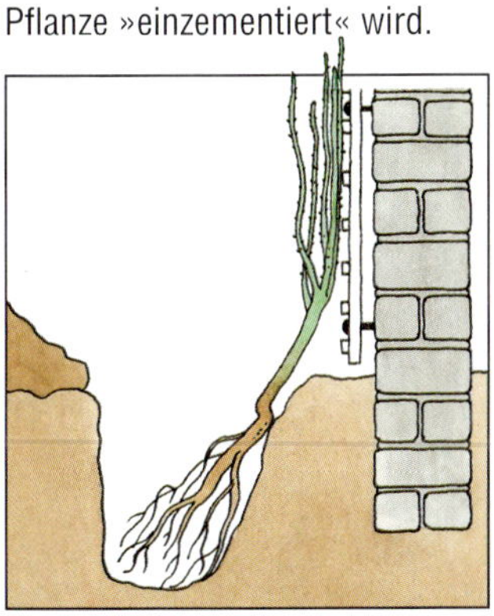

2 Kletterosen einpflanzen. Pflanzloch 50–60 cm von der Hauswand entfernt ausheben, Wurzeln schräg zur Halterung legen.

8 Angießen (→Zeichnung 1d): Danach gut angießen. Kräftiges Einschlämmen dient dem Beseitigen von Hohlräumen im Wurzelbereich, gefährdet jedoch die Bodenstruktur. Auf gut durchlässigen Böden mag es besonders im Frühjahr angehen, doch auf schweren Böden ist davon abzuraten, ausgenommen die Bodenfeuchtigkeit ist zum Pflanzzeitpunkt deutlich zu gering.

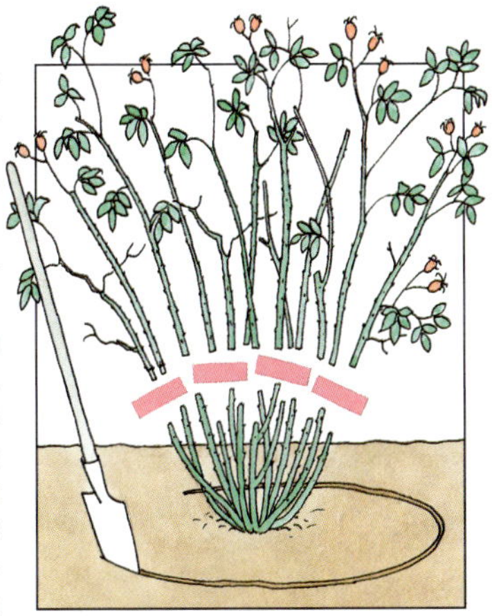

3 Rosen umsetzen
a Triebe einkürzen. Großzügig ausstechen, um Wurzelballen zu erhalten.

9 Anhäufeln (→Zeichnung 1e): Zum Schluß die Pflanzen mit normaler, guter Gartenerde anhäufeln. Keinesfalls mit Torfmull!
Mein Tip: Nach der Pflanzung Etikettendrähte entweder sehr lockern oder besser ganz entfernen, damit sie die wachsende Rose später nicht einschnüren.

Hochstammrosen pflanzen

Rosenhochstämme werden im Prinzip nicht anders gepflanzt. Sie kommen genauso tief in die Erde, wie sie in der Baumschule gestanden haben. Das ist leicht zu erkennen. Zuvor Haltepfahl ins Pflanzloch schlagen, erst danach die Rose in 5–8 cm Abstand einpflanzen. Bei Herbstpflanzung sollte die Krone, unterhalb der sich bei Hochstammrosen die Veredelungsstelle befindet, auch mit Erde bedeckt werden. Dazu legt man das Stämmchen um, aber erst einige Wochen nach dem Pflanzen. Damit die Wurzeln nicht aus dem Boden gehebelt werden, gut mit Erde anhäufeln.

Kletterrosen pflanzen

(→Zeichnung 2)
Bei Kletterrosen, die an einer Hauswand hochgezogen werden, das Pflanzloch etwa 50–60 cm von der Wand entfernt ausheben. Die Wurzeln müssen schräg weg vom Haus weisen. Die Veredelungsstelle kommt auch hier 5 cm unter die Erde!

b Rose genauso tief wie vorher in die neue Pflanzgrube einsetzen. Danach anhäufeln.

Rosen umpflanzen

(→Zeichnung 3)
Wer eine ältere Rose umsetzt, sollte folgendes beachten:

- Das neue Pflanzloch reichlich groß ausheben.
- Rose auf 20–30 cm zurückschneiden.
- Mit senkrechten Spatenstichen einen Kreis von 40–60 cm Ø um den Zweigansatz ziehen. Außerhalb dieses Kreises an einer Seite Erde abgraben, bei großen Sträuchern auch ringsherum.
- Mit schrägen Spatenstichen Ballen lösen und herausheben.
- Schwere Ballen notfalls auf einer dicken Plane zum neuen Pflanzloch schleifen.
- Rose in gleicher Höhe wie zuvor einsetzen, mit Erde unterfüttern und seitlich auffüllen.
- Gut antreten und angießen.

Geeignetes Material: Eine Mischung aus Laub, Gras, gehäckselten Zweigen und Kompost hat sich gut bewährt. Auch Rindenmulch ist geeignet, wenn gleichzeitig im Frühjahr zusätzlich etwas Stickstoffdünger, zum Beispiel Hornspäne, gegeben wird. Fertiger Kompost ist gleichzeitig ein Bodenverbesserer. Eine Mulchschicht mit Kompost muß aber wegen der Unkrautsamen beinahe alle 14 Tage gejätet werden.

So wird gemulcht:

• Dauerunkräuter wie Disteln, Winden, Brennesseln, Schachtelhalm und Giersch vor dem Mulchen sehr sorgfältig entfernen. Rindenmulch hat mit seinen gerbstoffreichen Inhaltsstoffen nur auf einjährige Samenunkräuter eine unkrauttötende (herbizide) Wirkung.

• Die Mulchhöhe soll je nach Material 4 bis 6 cm nicht überschreiten. Frischer Rasenschnitt verklebt leicht, deshalb höchstens 2 cm dick aufbringen oder einen Tag antrocknen lassen. Fertiger Rindenkompost darf bis 5 cm dick liegen. Lieber dünner und öfter mulchen.

Das zarte Lilablau des Lavendels 'Munstead', die dunklen *Buxus*-Pflanzen und das Blaugrün des Rotkohls lassen das Weiß der Rose 'Little White Pet' besonders schön erstrahlen. Diese alte Polyantha-Rose von 1879 ist hier auf Stämmchen veredelt.

• Ist die Mulchschicht zu Humus geworden, so muß sie durch lockeres, flaches Hacken mit dem Oberboden vermischt werden. Danach kann man erneut Mulch aufbringen.

Mein Tip: Rosen erst nach einjährigem Einwachsen mit Rindenmulch abdecken.

Regeln fürs Gießen

Während auf Sandböden das Niederschlagswasser eher zu schnell versickert, sind schwere Lehm- und vor allem tonige Böden durch Wasserstau gefährdet. Kompost und andere Humusformen lockern nach und nach die Bodenstruktur und verbessern auch die Wasserführung solcher Böden.

Regen und Gießwasser werden von einer Bodenschicht zur nächst tieferen erst dann weitergegeben, wenn die jeweilige Bodenschicht ihre volle Sättigung erreicht hat. Der Boden kann also nach einem lang ersehnten Sommerregen in 10 bis 20 cm Tiefe trotzdem noch staubtrocken sein.

Nicht übersprühen, die Rosenblätter sollen möglichst nicht naß werden, sonst wird der Krankheitsbefall gefördert.

Vor dem Gießen einen kleinen Wall aus Erde bauen, damit sich das Wasser keinen ungewollten Abfluß sucht. Auf Beeten mit gemischter Bepflanzung Rillen ziehen, in die das Wasser laufen kann, um zu versickern.

Nur bei Bedarf gießen, dann aber kräftig. Selbst auf die Gefahr, daß der Boden zeitweilig durch die Wasserzufuhr verschlämmt und in seiner Struktur gefährdet wird, ist Gießen oder Überfluten ein geeignetes Mittel, um Trockenheitsschäden zu vermeiden, ohne das Laub zu benetzen. Pro Quadratmeter benötigen Sie 20 bis 40 Liter.

Auf sehr sandigen Böden wöchentlich gießen. 2 Tage nach dem Gießen die Bodenoberfläche durch Hacken lockern, um der Luft Zutritt zu gewähren und die Bodenstruktur zu schonen.

Wissenswertes über Nährstoffe

Nährstoffe sind für das Wachstum der Pflanzen unentbehrlich und müssen ihnen im richtigen Verhältnis zur Verfügung stehen. Man unterscheidet zwischen Hauptnährstoffen (→ unten) und Spurenelementen, von denen Pflanzen jeweils nur sehr geringe Mengen benötigen. Zu ihnen zählen vor allem Mangan, Bor, Zink, Kupfer, Molybdän und Eisen.

Durch eine Bodenprobe zwischen Herbst und Frühjahr, aber nicht nach einer Düngung, kann man ermitteln, ob die Nährstoffverhältnisse im Boden ausgewogen sind. Dazu entnimmt man mit einem Bohrstock oder Spaten an 15 verschiedenen Stellen des Bodens jeweils eine Probe bis 30 cm Tiefe und eine weitere Probe von 30 bis 60 cm. Alle Proben einer Tiefe gut durchmischen und jeweils 500 g je Ober- und Unterboden beschriftet in sauberen Plastikbeuteln an ein Bodenuntersuchungsinstitut schicken (→ Adressen, Seite 158). Mit den Analysewerten erhält man eine Düngeempfehlung für die gewünschte Kultur.

Die Hauptnährstoffe:

Stickstoff (N) ist die eigentliche Triebkraft des Wachstums. Im Übermaß schwemmt er das Gewebe auf und macht es frost- und krankheitsanfällig (Mehltaugefahr). Ab Ende Juni deshalb keine stickstoffhaltigen Düngemittel mehr an die Rosen bringen. Bei langsam wirkenden Düngern noch früher aufhören.

Kalium (K) regelt den Wasserhaushalt in der Pflanze. Es senkt die Frostempfindlichkeit und festigt das Holz, wirkt also der aufschwemmenden Tendenz des Stickstoffes entgegen. Kein reines Kalisalz, sondern einen Kalimagnesia-Dünger verwenden, der als »Patentkali« im Handel ist. Sonst wird das ausgewogene Verhältnis von Kalium und Magnesium im Boden gestört. Durch eine Handvoll Patentkali im Juli oder August kann man die Frosthärte noch vor dem Winter erhöhen. Auch reine Holzasche ist ein guter Kalidünger. Nehmen Sie jedoch nie Asche von Steinkohle

Phosphor (P) fördert die Blüten- und Fruchtbildung.

Magnesium (Mg) kommt im Blattgrün vor und hat ausgleichende Funktionen im Stoffwechsel der Pflanze.

Kalzium (Ca) reguliert den pH-Wert im Boden. Kalküberschuß kann Eisen festlegen und dadurch Chlorose, eine Gelbfärbung der Blätter, hervorrufen. Optimal ist ein pH-Wert von 6,5. Überall, wo Kalk als bodenbildendes Gestein auftritt, ist genug Kalk im Boden vorhanden. Auch Lößlehme sind meistens gut mit Kalk versorgt. Genaue Auskunft darüber gibt eine pH-Messung, die Sie auch selbst mit handelsüblichen Schnelltests vornehmen können (→ Adressen, Seite 158). Viele Böden brauchen tatsächlich eine Erhaltungskalkung von 40 bis 60 g Dolomitmergel oder kohlensaurem Kalk je Quadratmeter im Jahr, um den »sauren Regen« zu kompensieren. Bei Muschel- und Algenkalk 20 % mehr geben. In niederschlagsreichen Gebieten ist die Versauerung höher als in trockenen Lagen. Dolomitmergel bessert zugleich den Magnesiumgehalt im Boden auf.

Wichtig: Nie Branntkalk verwenden. Er wirkt zu scharf.

Kalk und andere Düngemittel sind im Fachhandel auch in granulierter, körniger Form erhältlich und können so leicht ausgestreut werden.

Mein Tip: Kalk und Düngemittel nicht in die Blüte und, bei nassem Laub, nicht auf die Blätter streuen.

Düngeregeln

Grundsätzlich gilt: Ein ganzes Jahr nach der Pflanzung die Rosen nicht düngen, damit sie gut einwurzeln können.

Düngergaben verteilen: Am besten Dünger in mehreren kleinen Gaben ausbringen. So vermeiden Sie plötzliche Nährstoffschübe, die schockartig auf die Pflanzen wirken.

Umsetzungsdauer bedenken: Je nachdem, ob Sie organische oder mineralische Dünger verwenden, sind die Nährstoffe in unterschiedlicher Zeit für die Wurzeln verfügbar. Organische Düngemittel müssen erst durch den Verdauungsapparat von Mikroorganismen wandern und werden dadurch für Pflanzen aufbereitet und erschlossen. Sie wirken »naturnah«, also stetig. Mineraldünger wirken hingegen sofort und provozieren daher Schocks.

Düngen, wenn gemulcht ist: Wer mulcht, sollte frühzeitig, zuletzt aber im Mai oder Juni düngen, damit der Dünger noch rechtzeitig an die Wurzeln gelangt. Auch die Stickstoffdüngung um etwa 25 % erhöhen.

Düngemittel

Organische Düngemittel wie Mist oder Kompost »füttern« die Bodenlebewesen. Diese setzen die Dünger langsam in pflanzenverfügbare Nährstoffe um und verbessern gleichzeitig die Bodenstruktur.

Mineralische Dünger ernähren die Pflanzen zwar direkt, ihre

Salze gefährden aber die Mikroorganismen im Boden. Die Bodenstruktur kann sich verschlechtern.

Kompost und Mist

Richtig kompostieren: Auf einen Komposthaufen können Sie alle organischen Küchenabfälle bis hin zum Kaffeesatz geben.

- Stets etwas lehmige Gartenerde zwischen die Schichten streuen, damit die Regenwürmer die wertvollen Ton-Humus-Komplexe auch wirklich produzieren können (→ Seite 24).
- Um den Stickstoffgehalt zu erhöhen, kann man später Hornspäne (→ unten) dazugeben.

Geeigneter Mist für Rosen:

- Mindestens 1 Jahr lang abgelagerter oder besser noch kompostierter Pferde- oder Rindermist. Er enthält viele Polyuronide, die für die Bildung von Dauerhumus wichtig sind. Durch Mist führt man dem Boden auch reichlich Stickstoff zu.
- Schweinemist, Kleintiermist und Geflügelmist sollte nur in kompostierter Mischung verwendet werden.
- Wer keinen Zugang zu solchen ländlichen Mistquellen hat, kann handelsüblichen Trocken-Rinderdung kaufen.

So verwendet man Mist und Kompost:

- Mit einer Stallmistgabe von 3 kg pro Quadratmeter alle 3 Jahre kommen Rosen gut aus. Wer dazu noch jedes Jahr 1 kg Kompost pro Quadratmeter gibt, tut viel zur Bodenverbesserung.
- Reifen Kompost (auch Rindenkompost) können Sie schon im Herbst ausbringen, denn die Wurzelbildung beginnt bereits im Spätherbst.
- Nicht ganz ausgereiften Kompost oder Mist, der noch Wärme erzeugt und stickstoffreich ist, sollte man besser erst ab Mitte Februar auf die Rosen bringen, sonst erhöht sich die Gefahr von Frostschäden.

Mein Tip: Niemals frischen Pferdemist verwenden, weil das entweichende Ammoniakgas Verbrennungsschäden hervorrufen kann.

Stickstoff- und Kalidünger

Hornspäne liefern organischen Stickstoff, der langsam umgesetzt wird. Sie können schon im Oktober gestreut und eingearbeitet werden. Eine Handvoll je Quadratmeter reicht aus.
Von April bis Mai darf dann bereits die zweite Gabe – wieder eine Handvoll – gestreut werden.
Mineralische Dünger sind meistens leicht wasserlöslich und werden von den Pflanzen direkt aufgenommen. Man beginnt erst ab Ende Februar zu düngen. Ab Ende Juni keine Stickstoffdünger mehr ausbringen, damit die Triebe ausreifen können und im Winter nicht erfrieren.

Mein Tip: Mit der Stickstoffdüngung ist eine leichte Düngung von Patentkali (eine halbe Handvoll je Quadratmeter) zu verbinden. Eine zweite Kalidüngung empfiehlt sich für Juli oder Anfang August.

Phosphordünger

Viele Gartenböden sind durch jahrzehntelange Thomasmehl- und Superphosphatgaben ausreichend mit Phosphaten versorgt, teilweise sogar überdüngt worden. Phosphate werden gut im Boden festgehalten.
Knochenmehl und Blutmehl sind organische Düngemittel, die neben Stickstoff einen erheblichen Phosphoranteil in den Boden bringen.

Mehrnährstoffdünger

Volldünger sind als organische, mineralische oder organisch-mineralische Mischdünger erhältlich. Das Verhältnis ihrer Hauptnährstoffe (N, P, K) ist meist auf der Packung angegeben. Bei organisch-mineralischen Mischdüngern ist der organische Anteil nicht sehr hoch.

Flüssigdüngung

Sie wirkt besonders prompt und kann einen akuten Nährstoffmangel schnell beheben. Die Düngemenge nach Dosierungsangabe auf der Verpackung so mit dem Gießwasser vermischen, daß 3 bis 4 g Stickstoff je Quadratmeter in Form einer 1- bis 3prozentigen Lösung ausgegossen werden. Wenn der Boden zu trocken ist, sollte man die Konzentration senken. *Fortsetzung →Seite 40*

Rosen PRAXIS *Überwintern*

Die Sorge, der Frost könnte mit einem Schlag die ganze Rosenpracht im Garten vernichten, drückt jeden Rosenfreund, ist aber unbegründet, wenn Sie Ihre Pflanzen richtig »verpacken«.

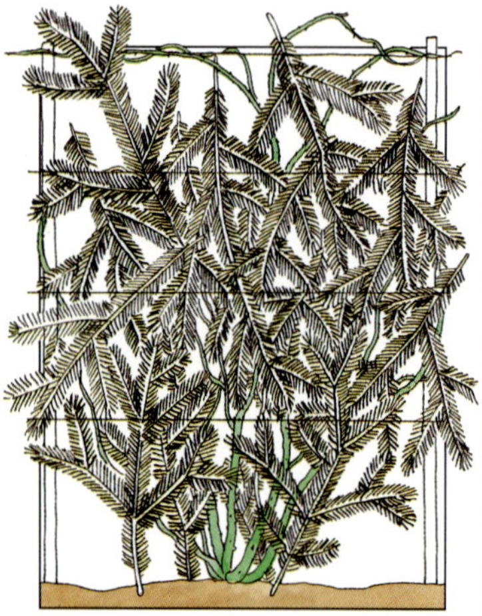

1 Rosen am Spalier noch vor Weihnachten mit Fichtenreisig großflächig abdecken. Anschließend auch die Basis sorgfältig mit Zweigen schützen.

Ab und zu ein leichter Frost ist für die Rosen sogar gut, weil sie dadurch widerstandsfähiger werden. Viel gefährlicher als Frost sind Witterungsumschläge. Die wärmende Sonne regt die ruhenden Triebe der Rosen zum Austreiben an. Bei Kälterückschlag sind sie doppelt gefährdet. Der Winterschutz ist daher nicht allein ein Schutz vor Kälte, sondern vor allem auch vor Sonne und Wind.

Vorbereitung auf den Winter
Mit dem Einwintern der Rosen nicht vor Mitte November beginnen. Davor folgendes beachten:

• Abgefallene Blätter zusammensammeln und verbrennen, denn in ihnen überwintern die Sternrußtau-Sporen. Die Blätter gehören nicht in die Kompostanlage, weil sie die Komposterde infizieren können und sich dadurch Krankheiten verbreiten.

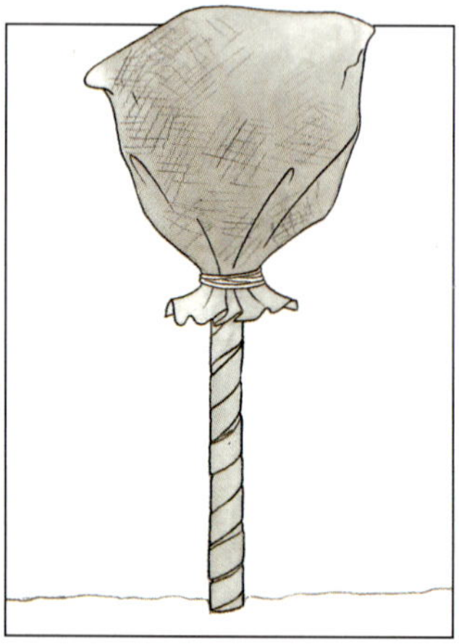

2 Ältere Hochstämme mit Ballen- oder Sackleinen umwickeln. Veredelungsstelle und Krone mit Tannenreisig schützen. Jutesack überziehen und festbinden.

• Nur »Kosmetik«-Schnitt vornehmen. Blätter und Blüten entfernen und sehr lange Triebe etwas einkürzen. Das anfallende Material ebenfalls entsorgen. Der eigentliche Rosenschnitt (→Praxis Schneiden, Seite 42 und 43) erfolgt erst im Frühjahr.

3 Beetrosen. Fuß locker mit Erde anhäufeln und mit Reisig zusätzlich schützen.

Material zum Abdecken
Tannen- oder Fichtenreisig dient ebenso wie Sackleinen hervorragend zum Abdecken von Strauch-, Kletter- und Kaskadenrosen. Auch Ballenleinen – ein lockeres, weitmaschiges Jutegewebe, das in Baumschulen zum Einpacken von Wurzelballen gebraucht wird – kann gut als Sonnen- und Winterschutz dienen.
Fichtenzweige haben den Vorteil, daß die Nadeln im Frühjahr abfallen und dadurch Sonne und Licht an die Triebe gelangen.
Wichtig: Keine Plastikfolie zum Abdecken verwenden, denn bei Sonne steigt die Temperatur unter der Folie an und es kommt zum Hitzestau. Das verleitet die Rose zum Treiben und schwächt ihre Widerstandskraft. Nachtfröste treffen sie umso härter.

Beet-, Edel- und Strauchrosen überwintern
(→Zeichnung 3)

• Zunächst den Fuß der Rose etwa 20 – 30 cm mit Erde anhäufeln. Das schützt den Wurzelhals und die Veredelungsstelle, die bei richtiger Pflanzung etwa 5 cm unter der Erde liegt (→Praxis Einpflanzen, Seite 32 und 33).
Sind die Rosen dicht gepflanzt, darf die Erde dazwischen zum Anhäufeln nicht hochgehackt werden. Die Wurzeln würden bloßliegen und könnten geschädigt werden. Besser mit Kompost oder Erde aus einem anderen Teil des Gartens anhäufeln.
Wichtig: Keinen Torf zum Anhäufeln verwenden. Er bindet Wasser und wirkt bei Frost wie eine Eispackung auf Rosen.

• Nach dem Anhäufeln Rosen mit Fichten- oder Tannenzweigen bedecken. Das schützt vor Wintersonne und kalten Ostwinden.

Kletterrosen überwintern
(→Zeichnung 1 und 5)

• Am Spalier bekommen Kletterrosen einen Extraschutz aus dachplattenähnlich angeordnetem Fichtenreisig. Die Zweige entweder am Spalier festbinden oder durch die Kletterdrähte ziehen. Zum Schluß den Fuß gut mit Reisig schützen oder anhäufeln.

• Rosenbögen mit Reisig schuppenartig von oben nach unten abdecken, damit das Wasser ablaufen kann, und locker mit einer Kordel umwickeln. Es kann auch Jutegewebe verwendet werden. Die Füße gut anhäufeln.

Stammrosen überwintern
Jüngere Hochstämme
(→Zeichnung 4):

• Alle noch vorhandenen Blätter und Triebspitzen herausschneiden, um Fäulnis in der später zugedeckten Krone zu vermeiden.

• Mit einer Grabegabel den Wurzelbereich etwas lockern.

• Den Stamm bis in die Krone mit Tannenreisig umwickeln, um ihn gegen Wintersonne und Eisbildung zu schützen.

• Vorsichtig umbiegen und mit Drahtbügeln, Astgabeln oder über Kreuz gesteckten Pfählchen am Boden befestigen.

• Veredelungsstelle und Krone gut mit lockerer Erde anhäufeln. Dabei Hohlräume vermeiden, Erde aber nicht antreten.

Ältere Hochstämme
(→Zeichnung 2):

• Da sie sich nicht mehr biegen lassen, den Stamm mit Sackleinen locker umwickeln.

• Veredelungsstelle und Krone mit Tannenreisig schützen.

• Anschließend Jutesack überziehen und festbinden.

• In rauhen Lagen den Fuß locker mit Erde anhäufeln und mit Reisig zusätzlich schützen.

Kaskadenrosen:

• Schon Ende August die Langtriebe über die Krone nach unten ziehen und die Glockenform durch eine »Bauchbinde« (Kordel) stabilisieren.

• Im Dezember mit Jutegewebe umspannen.

• Bei Naßschnee Hochstämme und Kaskadenrosen abschütteln, um Schneebruch zu vermeiden.

5 Rosenbogen mit Reisig oder Jutegewebe abdecken und locker umwickeln. Basis anhäufeln.

Wildrosen überwintern
Sie brauchen keinen zusätzlichen Winterschutz, denn sie sind in der Regel winterhart. In extremen Wintern können natürlich einige Triebe zurückfrieren. Sie werden dann im Frühjahr bis ins gesunde Holz zurückgeschnitten (→Praxis Schneiden, Seite 42). Frostempfindliche außereuropäische Wildrosen werden wie Strauchrosen geschützt.

Winterschutz entfernen

• Ende März das Fichtenreisig sorgfältig entfernen. Die jungen, angetriebenen Knospen brechen dann leicht aus.

• Abgehäufelt wird im Laufe des Aprils, wenn keine Spätfröste mehr zu erwarten sind.

• Junge Stammrosen vom Schutz befreien und noch einige Tage liegenlassen. Danach vorsichtig wieder aufrichten, gelockerte Wurzeln gut festtreten und Stamm am Haltepfahl befestigen.

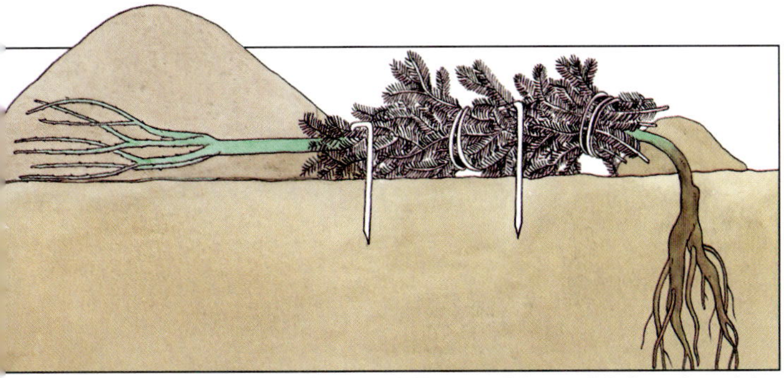

4 Jüngere Hochstämme. Stamm mit Tannenreisig umwickeln und vorsichtig umbiegen. Mit Haken im Boden verankern. Fuß, Veredelungsstelle und Krone gut mit Erde anhäufeln.

Kaufen, Pflanzen und PFLEGEN

Rosen richtig schneiden

Wildrosen läßt man möglichst ohne Schnitt ihre natürliche Gestalt entwickeln. Alle anderen Rosen werden unterschiedlich geschnitten, je nachdem, ob sie einmal oder öfter blühen, ob sie Beet-, Strauch- oder Kletterrosen sind (→ Praxis Schneiden, Seite 42/43). Der Schnitt regt Blütenbildung und Wachstum an und ist notwendig zur Regeneration der Rose.

'Bantry Bay' und 'New Dawn', zwei öfterblühende Kletterrosen verzaubern diesen Sitzplatz am grün eingewachsenen Haus. Im Vordergrund rechts in gelbgrünen Wolken blühender Frauenmantelund Hortensien. Links gelbe Taglilien und Funkien.

Wann wird geschnitten?

Rund um den 1. April ist Hauptschnittzeit, in milden Gebieten können sie auch 14 Tage früher beginnen.

Im Sommer können Strauch- und Kletterrosen ausgelichtet werden. Dieser Schnitt unmittelbar nach der Blüte regt die Bildung neuer Jahrestriebe an. Bei allen öfterblühenden Rosen wird zudem alles Verblühte regelmäßig entfernt. Das fördert die Nachblüte.

Im Herbst werden nur erfrorene Blüten oder Fruchtstände weggeschnitten.

Womit wird geschnitten?
Am besten eignet sich eine scharfe Gartenschere. Bei Strauch- und Kletterrosen ist die Kniepe, eine vergrößerte Gartenschere mit 50 bis 60 cm langen Griffen, zweckmäßig. Der verlängerte Hebelarm bezwingt Zweigstärken von 5 cm Durchmesser.

Wohin mit dem Schnittgut?
Alles, was beim Schneiden der Rosen anfällt, sollten Sie sorgfältig zusammenrechen und in die Mülltonne geben. Auf keinen Fall dürfen die Schnittabfälle auf den Komposthaufen kommen. So vermeiden Sie, daß sich Pilzkrankheiten, wie zum Beispiel Mehltau, ausbreiten.

Tips zum Beetrosen-Schnitt
Wuchskraft und Rückschnitt sollten im Verhältnis immer ausgewogen sein.

- Schwache Pflanzen schneidet man sehr weit zurück; sie bilden dann kräftigere Triebe.
- Starke Rosen kann man einige Zentimeter länger lassen.
- Beetrosen, die etwas zu hoch geworden sind, können Sie im nächsten Frühjahr kräftig ins »alte Holz«, also in mehrjährige Triebe zurückschneiden. Die Rose wird alsbald aus »schlafenden Augen« dieser Zweige wieder buschig austreiben, was zugleich eine Verjüngung der ganzen Pflanze bedeutet.

Strauchrosen schneiden
Kräftiger Rückschnitt: Je besser eine Sorte nachblüht, umso mehr verträgt sie den kräftigen Rückschnitt der öfterblühenden Rosen: Diese Strauchrosen werden wie überdimensionale Beetrosen geschnitten.
Der »Öko-Schnitt« für einmalblühende, runde Büsche: Man nutzt die alten Triebe als innere Stütze des Busches, über die sich die neuen Langtriebe jedes Jahr wie ein Mantel legen, und korrigiert nur minimal. Die Sorten müssen aber wüchsig genug sein, das Innere des Strauches vollständig zu bedecken.
Der Auslichtungsschnitt ist wichtig bei Strauchrosen mit sparrigem Wuchs. Man schneidet Ende März oder unmittelbar nach der Blüte Triebe, die älter als 3 Jahre sind, heraus. Diese Methode ist für die leicht auseinanderfallenden Büsche der Zentifolien und Moosrosen geeignet. Auch Bourbonrosen sprechen gut darauf an.
Verjüngungsschnitt: Wenn die Büsche nach vielen Jahren in ihrem Wachstum allzu sehr nachlassen oder unten kahl geworden sind, ist ein radikaler Verjüngungsschnitt angebracht. Schneiden Sie alle alten (braun verholzten) Triebe auf 20 bis 30 cm Höhe zurück. Einjährige (grüne) Ruten, die aus der Basis kommen, lassen Sie stehen. So wird die Rose wieder schneller strauchähnlich. Dieser radikale Eingriff kann unter Umständen auch mal fehlschlagen. Nur in großen Abständen vornehmen.

Kletterrosen schneiden
Die langen, blütenlosen Peitschentriebe, die im Laufe des Sommers gebildet werden, sind nicht etwa Wildtriebe, sondern die wertvollsten Blütenträger des kommenden Sommers. Man gibt ihnen durch vorsichtiges Anheften am Rosenbogen oder am Spalier Halt. Der Schnitt aller Kletterrosen richtet sich darauf, möglichst viele dieser kräftigen Triebe für das nächste Blütenjahr zu erzielen.
Wachstum und Schnitt eines Triebes über 3 Jahre:

- 1. Jahr: Langtriebe der Kletterrosen nicht schneiden, es sollten nur frostgeschädigte Triebe eingekürzt werden.
- 2. Jahr: Aus fast jedem Auge dieses Langtriebes sind Blüten an größeren Seitentrieben entstanden. Schnitt der Blüte im Sommer führt bei öfterblühenden Sorten zur Bildung neuer Blütentriebe im gleichen Jahr. Im Winter alle Seitentriebe je nach ihrer Stärke auf 2 bis 4 Augen einkürzen, Seitentriebe von mehr als 60 cm Länge kann man auch als neue Langtriebe behandeln, sollte sie aber dann nicht zu dicht nebeneinander stehen lassen.
- 3. Jahr: Aus den meisten Stummeln treiben wieder Blütenzweige. Da diese bei gleicher Methode in den Folgejahren immer kleiner und schwächer werden, empfiehlt es sich, durch komplette Wegnahme solcher Alttriebe nach der Blüte wieder die Bildung neuer Langtriebe zu fördern.

Rosen PRAXIS Schneiden

Das Schneiden der Rosen ist keine Wissenschaft. Wenn man bedenkt, daß eine einzige Rosentriebknospe in nur einem Sommer bereits wieder drei kräftige Triebe ausbildet, kann man beruhigt die Schere ansetzen. Wir zeigen Ihnen Schritt für Schritt, wie Sie es richtig machen.

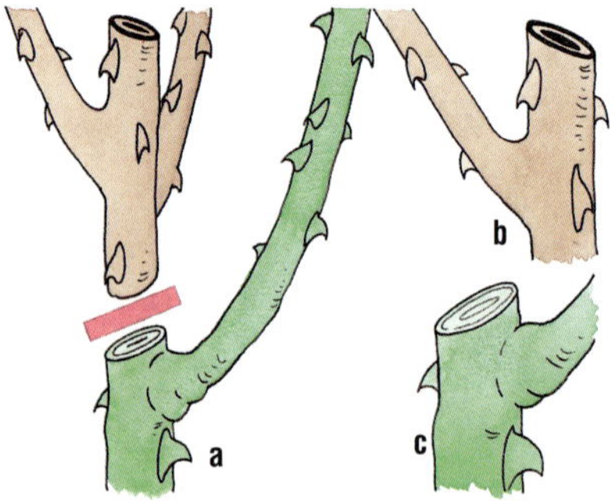

1 <u>Abgestorbenes Holz schneiden.</u>
a Totes Holz bis zum grünen Triebansatz zurückschneiden.
b Totes Holz erkennt man am braunen Mark.
c Gesundes Holz besitzt weißes oder hellgrünes Mark.

Was man vorher wissen muß

• »Augen« heißen die Triebknospen. Als kleine rötliche Punkte sind sie in den Blattachseln zu erkennen. Je weiter sie von der Wurzel entfernt sitzen, desto kräftiger sind sie und desto früher schlagen sie aus. Die tiefer liegenden Augen »schlafen« noch und brauchen länger zum Austrieb.

• »Altes« Holz nennt man die mehrjährigen älteren Triebe, »neues« Holz die einjährigen.

• Der Hauptschnitt erfolgt rund um den 1. April, im Herbst wird lediglich »geputzt«.

• Einmalblühende Rosen blühen nur an den Kurztrieben, die aus den Knospen des vorjährigen Holzes entspringen.

• Öfterblühende Rosen blühen zusätzlich an den Trieben, die im Laufe des Sommers aus den bereits abgeblühten, diesjährigen Trieben entstehen und bilden dort den zweiten und dritten Flor.

Der richtige Schnitt

(→Zeichnung 4)
Rosen schneidet man etwa 1 cm über dem Auge, nicht zu schräg! Die Wund- und Verdunstungsfläche soll so klein wie möglich sein. Bleibt ein Zapfen stehen, so macht das nichts. Er trocknet ein und kann beim nächsten Winterschnitt leicht entfernt werden.
<u>Kranke oder durch Frost geschädigte Triebe</u> müssen rigoros bis ins gesunde Holz zurückgeschnitten werden. Gesundes Holz ist am weißen oder hellgrünen Mark zu erkennen, bei krankem ist es bräunlich verfärbt (→ Zeichnung 1).

Mein Tip: Benutzen Sie nur wirklich scharfe Scheren oder Sägen. Sie müssen für einen glatten Schnitt sorgen und dürfen die Triebe niemals abquetschen.

2 <u>Hochstämme schneiden.</u> Ende März Triebe auf 1–2 Augen einkürzen.

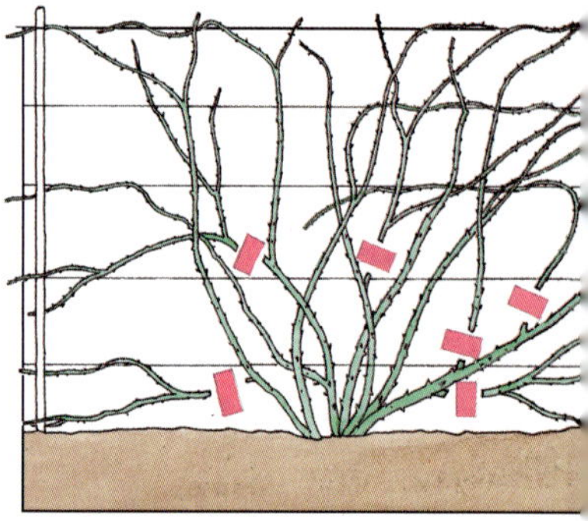

3 <u>Kletterrosen schneiden.</u> Altes Holz und Querwuchs herausschneiden. Langtriebe schonen und gut verteilen, Kurztriebe auf 2 Augen zurückschneiden.

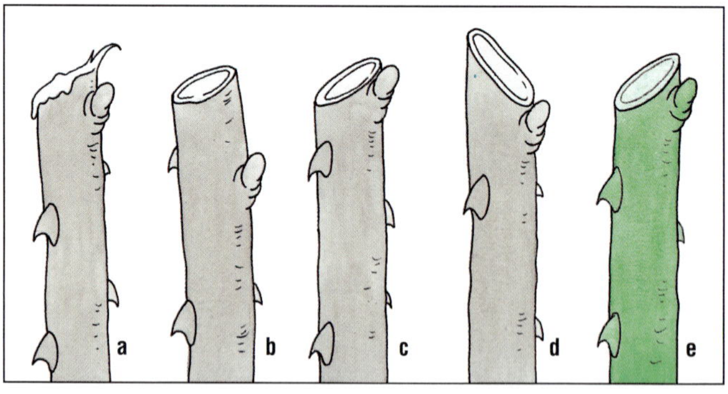

4 <u>Der richtige Schnitt</u> (e) ist 1 cm über dem Auge. Nicht abbrechen (a), zu hoch (b), zu niedrig (c) oder zur Triebknospe hin (d) schneiden.

5 Beetrosen schneiden.
Triebe auf 3–6 Augen einkürzen.

6 Strauchrosen auslichten. Bei öfterblühenden Rosen alte Zweige direkt über dem Boden entfernen. Rest auf ein Drittel einkürzen.

Beetrosen

(→Zeichnung 5)
Alle schwächlichen, kranken oder beschädigten Kurztriebe und alles tote Holz entfernen und ältere Pflanzen je nach Stärke auf 3 bis 8 Triebe zurückschneiden. Höhe der Triebe ausgleichen, damit alle gleichen Saftdruck haben.
Schwachwüchsige Sorten auf 2 bis 3 Augen je Trieb schneiden. Starkwüchsige Pflanzen aller Klassen – von der Zwergrose bis zur Edelrose – auf maximal 5 voll ausgebildete Augen je Trieb.

Strauchrosen

(→Zeichnung 6)
Öfterblühende Strauchrosen: Zu dicht stehende oder sich überkreuzende Triebe auslichten. Rest auf etwa ein Drittel ihrer letztjährigen Größe zurückschneiden.
Einmalblühende Strauchrosen: Im Winter so wenig wie möglich schneiden und stattdessen für sorgfältige Bodenpflege und Düngung sorgen. Zu dicht gewordene Sträucher durch den Wegschnitt überalteter Zweige auslichten.

Kletterrosen

(→Zeichnung 3)
Öfterblühende Kletterrosen: Nach der Blüte alle Blütendolden entfernen. Altes, abgestorbenes Holz an der Entstehungsstelle herausschneiden. Neue Langtriebe stehenlassen, neue Seitentriebe auf 2 bis 4 Augen zurückschneiden oder bei mehr als 60 cm Länge als neue Langtriebe behandeln, aber für gleichmäßige Verteilung sorgen.
Einmalblühende Kletterrosen: Wie öfterblühende behandeln, aber Kurztriebe belassen. Bei allen Sorten, die im Herbst Hagebutten tragen, Verblühtes nicht wegschneiden.
Mein Tip: Wachsen Kletterrosen in Bäume, so schneidet man die ersten Jahre gar nicht, sondern leitet die Langtriebe nur möglichst hoch von außen in den Baum hinein. Abgestorbene Alttriebe in späteren Jahren, so gut es geht, herausziehen.

Hochstämme und Kaskaden

(→Zeichnung 2)
Hochstämme: In ihrer Krone kompakt halten, damit die Triebe nicht ausbrechen. Alle weichtriebigen Sorten nur auslichten und von vergreistem Holz befreien. »Großblumige« und »Büschelblütige« auf Stämmen im Spätherbst mäßig, Ende März sehr kurz auf 1 bis 2 Augen je Trieb kürzen. Nach der Blüte auf 3 bis 4 Blätter zurückschneiden.
Kaskadenrosen: Diese auf Hochstamm veredelten Kletterrosen etwa 3 bis 4 Jahre nach der Pflanzung gar nicht schneiden, danach nur auslichten und überaltertes Holz entfernen.

7 Wildtriebe entfernen.
a Richtig! Wurzelhals freilegen, Wildtrieb am Ansatz abreißen oder zapfenlos abschneiden.

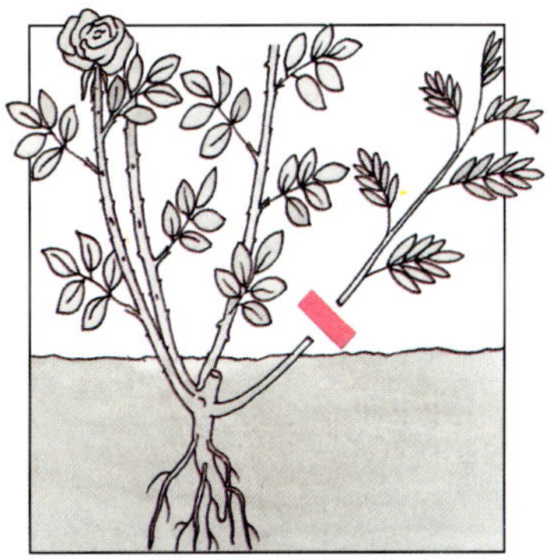

b Falsch! Nicht über der Erde abschneiden, denn aus jedem Stummel entstehen neue Wildtriebe.

Die gesunde ROSE

Wer seinen Garten zum Lebensraum für viele Lebewesen macht, hat viele Helfer, die ihn umsonst unterstützen, seine Rosen gesund zu erhalten. Allen voran Nützlinge, wie Marienkäfer, deren Larven besonders gefräßige Blattlausräuber sind. Wichtig bei all dem: möglichst kein Gift spritzen, denn es tötet auch Nützlinge.

Krankheiten und Parasiten gehören zum Leben. Weltweit. Man vermeidet sie, man versucht, sie zu bekämpfen, man bemüht sich, eigene Abwehrkräfte zu entwickeln, aber man entgeht ihnen nicht. Wenn man sie akzeptiert, kann man mit ihnen leben. Geht es uns mit den Rosen etwa anders? – Rosen werden fast nie wegen ihrer Gesundheit, sondern aus Liebe zu ihrer Schönheit gepflanzt. Der bewußte Rosen-Liebhaber sollte sich aus der Fülle des Angebots die Sorten heraussuchen, die seinem Schönheitssinn entsprechen, aber auch gesund sind. Mit ihnen kann man auf chemische Mittel ganz verzichten.

Rosen auf dem Prüfstand

Manche Sorten verlieren im Laufe der Jahre an Vitalität oder werden verstärkt von Pilzen heimgesucht. Diese dynamischen Anpassungsvorgänge in der Natur kann der Mensch nicht beeinflussen. Die Bewertung einer Sorte ist also schwierig und nicht für alle Zeiten gültig.

Die ADR-Prüfung in Deutschland (ADR = Anerkannte Deutsche Rose) gilt weltweit als die schärfste Rosenbewertung in Sachen Gesundheit. Neun Prüfgärten an unterschiedlichen Standorten in Deutschland prüfen die gleichen Sorten drei bis vier Jahre lang. In dieser Zeit dürfen die Rosen nicht gegen Pilzkrankheiten behandelt werden. Rosen, die das ADR-Prädikat erhalten, gelten als gesund. Deutsche Rosenschulen vermerken dieses Zertifikat (ADR-Zeichen) als besondere Auszeichnung für eine Rose in ihren Katalogen. Um das ADR-Prädikat zu schützen, wird es bei Sorten, die zunehmend anfälliger werden und das Prädikat schon länger als 10 Jahre tragen, nicht mehr genannt.

Züchter, die bei der Wahl von Kreuzungspartnern ein gutes Gespür hatten, die Sämlinge nicht mehr spritzten und zugleich scharf selektierten, haben in den letzten Jahren mit ihren Sorten in der ADR-Prüfung

'Chorus' ist eine robuste, büschelblütige Beetrose mit gekrausten Blütenblättern. Sie ist sehr reichblühend und ziemlich gesund.

gut abgeschnitten. Vor allem durch Einkreuzung krankheitsresistenter Wildarten entstehen robuste Neuheiten.

Vorbeugen ist besser als heilen
Pflanzenschutz beginnt damit, daß man die richtige Pflanze am richtigen Platz in die Erde setzt (→ Seite 18 bis 24).

- Pflanzen Sie Rosen nicht in staunasse Böden oder legen Sie Drainagen an.
- Beim Bewässern die Blätter nicht benetzen.
- Den Boden öfter flach hacken oder mulchen.
- Infektionsquellen (befallene Blätter und Triebteile) sofort entfernen, notfalls verseuchte Pflanzen vor dem Winter beseitigen.
- Vogelschutz und Schutz von Nutzinsekten verringert die Schädlinge. Ihr Garten sollte Lebensraum für viele Nützlinge sein.

Krankheiten und Schädlinge abwehren
Pilzkrankheiten an Rosen lassen sich biologisch durchaus bekämpfen. Licht und Luft sowie Bodenpflege sind das A und O. Dann erst sollte man über geeignete Fungizide nachdenken.
Schädlingen kann man auch auf natürliche Weise begegnen. Raubmilben werden gegen Spinnmilben eingesetzt, Bazillen gegen Raupen, Marienkäfer gegen Blattläuse.
Daneben gibt es im Fachhandel Insektizide gegen beißende und saugende Insekten und Akarizide gegen Milben. Diese Mittel sollten Sie nur im Notfall einsetzen. Lassen Sie sich im Fachhandel beraten und verwenden Sie nur solche, die als »bienenungefährlich« und »nützlingsschonend« gekennzeichnet sind.

Im Rosarium L'Hay-les-Roses bei Paris potenziert sich der Traum vom Rosenbogen. Hier zeigen Rambler-Rosen, was sie können. Die Sorten von vorn nach hinten: 'American Pillar', 'Dorothy Perkins', 'Aviateur Blériot', 'Excelsa' und ganz hinten 'Veilchenblau'.

Die gesunde ROSE

Rosen spritzen?
Ein anerkanntes ökonomisches Prinzip des Pflanzenschutzes ist die sogenannte »Schadensschwelle«. Es wird erst dann gespritzt, wenn der Schaden, der durch einen Schädling verursacht wird, größer zu werden droht, als seine Bekämpfung kosten würde. Solange andere Faktoren wie Witterungsbedingungen oder Nützlinge einen Schädling in seiner Entwicklung »von Natur aus« kurz halten und nicht über diese Schwelle kommen lassen, braucht man nicht einzugreifen. Eine Massenvermehrung von Blattläusen beispielsweise wird oft durch eine Wärmeperiode eingeleitet. Der nächste Wetterumschlag zu kühlem, regnerischem Wetter macht den meisten Blattläusen jedoch den Garaus. Eine Spritzung unmittelbar vor diesem kalten Regen wäre unnötig gewesen. Sie hätte auch Heerscharen von Nützlingen beseitigt, die nach dem Regen die überlebenden Blattläuse hätten dezimieren können. Die Spritze sollte nur noch zur Schadensbegrenzung angewendet werden.

Tips zum Spritzen:
• Niemals in offene Blüten spritzen.
• Zahlreiche Schädlinge und Pilze sitzen auf der Unterseite der Blätter. Sprühen Sie deshalb auch immer die Blattunterseite gut einsprühen.
• Die Wirkstoffe wechseln, um Resistenzen bei den Schädlingen zu vermeiden.

Darauf sollten Sie achten:
• Verwenden Sie keine hochgiftigen mit T oder T + gekennzeichneten Mittel.
• Halten Sie sich genau an die Gebrauchsanweisungen und Dosierungsvorschriften.
• Atmen Sie den Sprühnebel nicht ein.
• Tragen Sie Handschuhe und Maske beim Umgang mit Pflanzenschutzmitteln.
• Bewahren Sie Pflanzenschutzmittel grundsätzlich in der Originalverpackung, außer Reichweite von Kindern und Haustieren, nicht zusammen mit Lebens- oder Futtermitteln sowie sicher verschlossen auf.
• Reste gehören in den Sondermüll. Dafür gibt es Sammelstellen.
• In Gärten mit Kindern und Haustieren auf Spritzungen verzichten.
• Beachten Sie auch die wichtigen Hinweise auf Seite 159.

Rosenkrankheiten
Auf den Seiten 50 und 51 sind die häufigsten Rosenkrankheiten beschrieben und beispielhaft abgebildet. Hier noch zwei weitere wichtige Erkrankungen:
Valsakrankheit (*Valsa cincta, Valsa persoonii*): Triebsterben. Kommt fast aussschließlich an *Rosa hugonis* und ähnlichen Frühblühern vor. Die Triebspitzen welken, einzelne Zweige sterben ab. Verlust ganzer Pflanzen möglich. Beim Schneiden der Rosen keine Zapfen stehen lassen. Nicht neben Steinobst und Forsythien pflanzen. Befallene Triebe bis ins gesunde Holz entfernen. Schneidewerkzeuge durch Abflämmen desinfizieren.
Viruskrankheiten: Minderung der Blütenbildung, schwächlicher Wuchs, Schäden am Blattgrün (Chlorose). Übertragung durch saugende Insekten oder infizierte Schneidewerkzeuge. Desinfektion von Messern und Scheren durch Abflämmen. Befallene Pflanzen sorgfältig ausgraben und vernichten.

Rosenschädlinge
Auf den Seiten 52 und 53 sind die häufigsten Rosenschädlinge beschrieben und beispielhaft abgebildet.
Sie fügen der Rose und ihrem Wachstum Schaden zu, indem sie von ihr leben. Nützlinge leben wiederum von diesen Schädlingen. Immer muß sich der Schädling erst stark vermehrt haben, ehe sich der Nützling deutlich vermehren kann. Wenn Blattläuse in ausreichender Zahl vorhanden sind, entwickeln sich Marienkäfer massenhaft. Reduziert ein anderer Faktor wie naßkaltes Wetter die Vermehrungsquote der Blattläuse, sind die Marienkäfer schnell Herr der Lage.
Überlassen Sie getrost der Natur soviel Selbstregulierung wie möglich und greifen Sie nicht gleich drastisch mit der »chemischen Keule« ein.

Weitere Schädlinge an oberirdischen Pflanzenteilen:
• Frostspanner-Raupen – erkennbar am Buckelschritt – fres-

sen junge Triebe und Blätter. Absammeln und Vernichten der befallenen Blätter und Triebe.

- Rosengallwespen sind fast ausschließlich an Wildrosen zu finden. Durch Eiablage und Heranwachsen der Larven bilden sich moosähnliche, kugelförmige Gebilde rings um den Trieb. Der Triebteil stirbt über der Galle meistens ab. Gallen wegschneiden und vernichten.
- Rapsglanzkäfer, Rosenkäfer, Gartenlaubkäfer und Junikäfer zerfressen das Blüteninnere.
- Rosenblattwespen mit Fensterfraß an Blättern und Blütenstecher mit abgeknickten Knospen treten periodisch auf.
- Der Ohrwurm frißt als Nützling Blattläuse, als Schädling – seltener – auch junge Triebe und die inneren Blütenblätter.
- Dickmaulrüßler und Eulenraupe zerfressen Blütenblätter und Triebspitzen.
- Hagebuttenfliege und Hagebuttenwickler legen ihre Eier in die noch unreifen Früchte von Wildrosen. Die Larven ernähren sich vom Fruchtfleisch.
- Kaninchen oder Rehe fressen Rosenknospen und neue Triebe. Ein enger Maschendraht (mindestens 100 cm hoch und 30 cm tief in den Boden eingelassen) hält Kaninchen ab. Gegen Rehe diesen Zaun durch 4 bis 5 waagerechte Drähte auf 250 cm erhöhen.

Schädlinge im Wurzelbereich:

- Wurzelälchen (Nematoden, Fadenwürmer) leben als Parasiten im Wurzelgewebe und bewirken kümmerliches Wachstum sowie Verdickungen an den Wurzeln. Nach Rodung befallener Bestände mehrere Jahre lang *Tagetes patula*-Sorten oder auch Ringelblumen (*Calendula officinalis*) pflanzen; sie vertreiben Nematoden. Dann erst Neupflanzung wagen.
- Wühl-, Feld- und Hausmäuse nagen an Wurzeln oder erdnaher Rinde.

Schäden durch Frost, Boden- und Kulturfehler

Chlorosen sind Gelbfärbungen der Blätter aufgrund verschiedenster Ursachen.

- Frostschäden im Winter wirken sich oft in Chlorose-Erscheinungen des Austriebes aus. Solche Zweige sterben ab und müssen bis ins gesunde Holz geschnitten werden (→ Praxis Schneiden, Seite 42).
- Eisenmangel-Chlorose ist die häufigste Erscheinungsform (→ Bild und Text, Seite 51).
- Magnesiummangel ruft zerfließende, gelbbraune Flecken an den unteren Blättern hervor.
- Staunässe und schlechte Bodendurchlüftung fördern Gelbfärbung der Blätter.
- Unkrautbekämpfungsmittel und winterliches Salzen der Gehwege neben Rosen verursachen ebenfalls Chlorosen.
- Frischer Mist kann durch Ausdünsten von Ammoniak erhebliche Chlorosen und Verbrennungen der Blätter bewirken. Deshalb nur gut abgelagerten Mist nehmen.
- Extreme Trockenheit führt gelegentlich zum Vergilben einzelner Fiederblätter. Beginnen Sie sofort bei diesem Symptom die Rose ausgiebig zu wässern.

Verbänderungen sind Wachstumsanomalien der Sproßachsen, wobei zwei oder drei Triebe platt zusammenwachsen. Sie können erblich bedingt sein, werden aber durch eine einseitige Stickstoffdüngung deutlich gefördert. Da sie selten auftreten, schneidet man solche Pflanzenteile einfach weg.

Das Durchwachsen von Rosenblüten, das heißt Bildung weiterer Knospen im Inneren der Blüte, ist sortenbedingt, bei Alten Rosen häufiger. Das Durchwachsen mit eigenem Blütenstiel ist als Kuriosität hingegen selten zu sehen.

Verletzungen an Rosentrieben durch mechanische Beschädigungen oder Aneinanderreiben zweier Rosentriebe heilen oft nur ungenügend. Verletzte Teile besser entfernen, um neue Schäden zu vermeiden. Bei Hochstämmen und Kletterrosen kann durch falsches oder zu festes Anbinden die gesamte Pflanze gefährdet werden.

Wasserflecken treten an rosafarbenen, hellroten, orangefarbenen und weißen Blüten auf, seltener an gelben. Sie entstehen nach längerer Nässe oder nicht verdunstetem Tau.

Verbrennungen der Blütenblätter kommen fast nur an dunkelroten Sorten vor, die das einfallende Sonnenlicht kaum reflektieren, sondern weitgehend in Wärme umsetzen.

Die gesunde ROSE

Rosenkrankheiten

Rosen werden häufig von Pilzkrankheiten befallen. Dagegen läßt sich etwas tun.

Sternrußtau

(*Marssonina rosea*)

Schadbild: Meist eckig begrenzte, unregelmäßige, schwarze Flecken auf den Blättern. Massiver Blattfall.

Ursache: Infektion über Blätter und Boden bei naßkaltem Wetter.

Vorbeugung: Ausreichende Düngung im Mai/Juni. Spritzung, z.B. mit Neudo Vital (100 ml auf 10 l Wasser), Bioblatt-Mehltaumittel (15 ml auf 10 l Wasser) oder Schachtelhalm-Extrakten.

Bekämpfung: Spritzung mit geeigneten Fungiziden, je nach Wachstum in etwa 10- bis 14tägigem Abstand mit wechselnden Wirkstoffen.

Rußtau

(*Apiosporium salicinum, Fumago vagans*)

Schadbild: Glänzende, lackartige Tröpfchen mit schwarzem Pilzrasen, häufig unter Trieben, die von Blatt- oder Schildläusen befallen sind.

Ursache: Blatt- und Schildläuse scheiden zuckerhaltigen Saft (Honigtau) aus, der von Rußtaupilzen besiedelt wird.

Vorbeugung und Bekämpfung: Abspritzen der Rose mit kaltem Wasser, Schmierseifen-Lösung oder Insektiziden.

Echter Rosenmehltau

(*Sphaerotheca pannosa* var. *rosae*)

Schadbild: Weißer, mehliger, abwischbarer Belag an allen jüngeren Pflanzenteilen, vorzugsweise an Blättern, Fruchtknoten der Knospen sowie an Blüten und Trieben. Anfangs nur leicht gewellte, glasige Blattflecken. Deutlicher Kümmerwuchs befallener Triebe und Blütendolden. Blätter verkrüppeln, fallen aber meist nicht ab. Holz reift nicht aus, wird frostempfindlich.

Ursache: Infektion mit echten Mehltaupilzen durch einseitige Düngung, zu wenig Luftbewegung, Hitze.

Vorbeugung: Luftigen Standort wählen, weniger Stickstoff düngen. Im Herbst befallene Triebteile bis in den gesunden Bereich abschneiden und vernichten. Im Frühjahr Sträucher auslichten. Nicht überdüngen.

Bekämpfung: Je nach Zuwachs im Abstand von 10 bis 14 Tagen mit Mehltaumittel spritzen – auch die Blattunterseiten.

Falscher Rosenmehltau

(*Peronospora sparsa*)

Schadbild: Leichter, grauweißer Schimmelrasen auf der Blattunterseite, später bräunliche bis rötliche Flecken. Teilweiser Blattfall.

Ursache: Infektion mit Mehltaupilzen bei anhaltend feuchter Wärme, vor allem im Spätsommer in windgeschützten Lagen.

Vorbeugung und Bekämpfung: Luftige Standorte wählen. Blätter absammeln und vernichten.

Rußtau

Sternrußtau

Echter Mehltau

Falscher Mehltau

Rosenrost

Eisenchlorose

Rindenfleckenkrankheit

Grauschimmel

Rosenrost
(*Phragmidium mucronatum*)
Schadbild: Im Sommer kleine orangerote Sporenlager auf der Blattunterseite; an der Oberseite gelbliche, kleine Blattflecken. Im Herbst schwarze Wintersporen auf der Blattunterseite. In der Folge Schwächung der Pflanze, Blattfall.
Ursache: Infektion durch Rostpilze bei warmem Wetter, auch bei Trockenheit; epidemieartig, aber sortenbedingt.
Vorbeugung: Luftigen Standort wählen, ausreichende Kalidüngung. Sporenträger vernichten. Boden lockern.
Bekämpfung: Spritzung mit Rostbekämpfungsmitteln; Wirkstoffe abwechseln. Auch gesunde Nachbarrosen spritzen.

Eisenmangel-Chlorose
(Gelbsucht, Bleichsucht der Blätter)
Schadbild: Gelbfärbung an den jungen Blättern, nur die Blattnerven bleiben zunächst noch grün und bilden ein feines grünes Netz im gelben Blatt.
Ursache: Kalküberschuß im Boden, wodurch das zur Blattgrünbildung notwendige Eisen von der Pflanze nicht aufgenommen werden kann.
Vorbeugung: Gute Bodendurchlüftung, ausgewogene Düngung. Humuszufuhr.
Bekämpfung: Ausgleich der fehlenden Nährstoffe, gute Bodenverhältnisse schaffen.

Rindenfleckenkrankheit
(*Coniothyrium wernsdorffiae* u.a.)
Schadbild: Rötlich braune, oft leicht eingesunkene Rindenflecken an den Augenpartien, meist an vorjährigen Trieben. Die befallenen Triebe sterben ab.
Ursache: Staunasse Böden, einseitige Düngung. Häufig sind Strauch- und Kletterrosen betroffen.
Vorbeugung: Drainage und gute Bodendurchlüftung. Weniger düngen, Bodenleben fördern.
Bekämpfung: Befallene Triebe entfernen und vernichten. Wunden möglichst mit Wundverschlußmittel behandeln. Standortverbesserung.

Grauschimmel
(*Botrytis cinerea*)
Schadbild: Mumienbildung an Knospen und Blüten nach Regenfällen, Abfallen der Blütenknospen, Knospen- und Blütenfäule, fleckige Triebe. Mausgrauer Schimmelbelag (nicht immer sichtbar). Umfallkrankheit bei jungen Sämlingen. Erhebliche Minderung der Blüte und Wuchskraft.
Vorbeugung: Guter Luftzutritt. Ausgewogene Düngung.
Bekämpfung: Für bessere Durchlüftung sorgen. Stickstoffdüngung einstellen, Kali düngen. Befallene Pflanzenteile entfernen. Fungizidspritzungen sind nur bei Sämlingsbeeten zu empfehlen.

Die gesunde ROSE

Rosenschädlinge

Wenn Rosen von Schädlingen befallen werden, ist das nicht immer gleich ein Grund zur chemischen Keule zu greifen.

Miniermotte

(*Nepticula anomalella, Nepticula centifoliella* u.a.)

Schadbild: Auf der Blattoberseite gut erkennbare Fraßgänge in der Mittelschicht des Blattes. Es sind zumeist ältere Blätter betroffen, die dann abfallen.

Ursache: Eine Miniermotte legt ihre Eier in das Blatt. Die Larve frißt das Blattgewebe aus.

Vorbeugung und Bekämpfung: Befallene Blätter möglichst frühzeitig absammeln und in die Mülltonne geben. Nisthilfen und Wassertränken für Vögel anbieten.

Rosenzikaden

(*Typhlocyba rosae*)

Schadbild: Mosaikartige, meist eckige, weißfleckige, feine Sprenkel auf der Blattoberseite älterer Blätter. Erhebliche Saugschäden, Wachstumsminderung. Virusübertragung möglich. Vorzugsweise an Kletterrosen vor warmen Hauswänden oder an trockenwarmen Standorten.

Ursache: Weißlich hellgrüne, springende Zikaden, schlank dreieckig, saugen auf der Blattunterseite entlang den Blattrippen. Standortproblem.

Vorbeugung: Standort verbessern. Nisthilfen und Wassertränken für Vögel anbieten.

Bekämpfung: Geeignete, möglichst nützlingsschonende Insektizide spritzen, aber nur wenn Befall bedrohlich wird.

Thrips

Auch Blasenfuß

(*Thrips fuscipennis* u.a.)

Schadbild: Kleine silbrige, meist dunkel umrandete Flecken auf Blättern und Blütenblättern; Knospen öffnen sich schlecht und können verkrüppeln. Virusübertragung möglich.

Ursache: Saugschäden. Massenvermehrung bei Hitze (»Gewittertierchen«). Bei zu trockener, warmer Lage häufiger. In den letzten Jahren schädigte eine neue Thrips-Art aus Kalifornien stark.

Vorbeugung und Bekämpfung: Standort besser auswählen. Stark befallene Knospen abschneiden und vernichten.

Spinnmilben

Auch »Rote Spinne«

(*Tetranychus urticae*)

Schadbild: Oberseits gelblich fein gesprenkelt, unterseits zarte Gespinste bei starkem Befall, später verfärben die Blätter sich bräunlich. Das Wachstum stagniert. Schließlich Blattfall.

Ursache: Die nicht zu den Insekten, sondern zu den Spinnentieren gehörenden Spinnmilben sind mit bloßem Auge kaum zu erkennen. Sie leben auf der Unterseite der Blätter und saugen den Saft. Sie lieben Wärme und Trockenheit.

Vorbeugung: Heiße, sonnige Lagen vor Südmauern meiden. Gute Wasserversorgung.

Miniermotte

Rosenzikade

Thrips

Spinnmilben

Napfschildläuse

Rosenblattlaus mit Eiern

Rosentriebbohrer

Rosenrollblattwespe

Bekämpfung: Da es keine Akarizide in Kleinpackungen gibt, zum Beispiel mit 200 ml Neudosan auf 10 l Wasser versuchen.

Schildläuse
(*Eulecanium corni, Aulacaspis rosae*)
Schadbild: Mutter- und Jungtiere sitzen auf ein- und zweijährigen Trieben, auch auf Blättern. Rußtaubildung und Kümmerwuchs.
Ursache: Zu trockene Standorte. Schildläuse befallen vor allem Kletterrosen, die im Regenschatten von Mauern oder Dächern stehen.
Vorbeugung: Richtige Standortwahl oder gut bewässern.
Bekämpfung: Mit Paraffin- oder Weißölen spritzen. Sie umschließen die Schildläuse, sodaß sie nicht mehr atmen können.

Blattläuse
(*Macrosiphon rosae* u.a.)
Schadbild: Saugschäden an Triebspitzen, Knospen, Unterseiten der jungen Blätter bis zu Verkrüppelungen. Geringere Blüte, Rußtaubelag. Virusübertragung möglich.
Ursache: Starke Stickstoffdüngung, heiße Lagen, warme und trockene Witterung.
Vorbeugung: Auf gute Luftzufuhr achten. Stickstoffdüngung gut dosieren. Schutz von Vögeln, Marienkäfern, Florfliegen, Schwebfliegen.
Bekämpfung: Erste geflügelte Blattläuse sowie Kolonien zerdrücken, aber Nützlinge schonen. Mit Schmierseifen-Lösung oder frischer Brennesselbrühe (1 kg pro 10 l Wasser) spritzen. Chemische Bekämpfung erst in extremen Notfällen. Bienenungefährliche Mittel verwenden.

Triebbohrer
(*Ardis brunniventris* und *Monophadnus elongatus*)
Schadbild: Einzelne Triebspitzen welken. Verlust der Triebe. Fast nur an großblumigen Rosen, gelegentlich bei Floribunda- und Wildrosen. Triebbohrer tritt manchmal epidemisch auf.
Ursache: Das Ei des abwärtsbohrenden Triebbohrers wird in die Spitzen junger Triebe gelegt. Die Larve bohrt sich von oben in den Trieb und frißt sich nach unten weiter. Die Eier des aufwärtsbohrenden Triebbohrers liegen am Blattstiel. Die Larve bohrt sich dort in den Trieb und wandert im Mark aufwärts.
Vorbeugung und Bekämpfung: Welke Triebenden bis ins gesunde Holz abschneiden, die 1 bis 1,5 cm lange Larve töten. Nisthilfen und Wassertränken für Vögel anbieten.

Rosenblattrollwespe
(*Blennocampa pusilla*)
Schadbild: Rosenblätter werden wie Zigarren gewickelt. Verminderung der Assimilation.
Ursache: Larven in gerollten Blättern im Mai, vor allem an modernen Beetrosen, seltener an Wildrosen. Verpuppung im Juli im Boden.
Vorbeugung und Bekämpfung: Befallene Blätter sofort absammeln, in die Mülltonne geben.

Vermehren und ZÜCHTEN

Der Hagebuttenschmuck, hier von Rosa moyesii, wird von vielen Rosenfreunden immer noch unterbewertet, obwohl er Strauch- und viele Wildrosen über Monate hinweg ziert. Hagebutten gibt es in überraschend vielen Formen. Nicht zuletzt sind sie auch die Träger der Rosensamen.

Wem ist es nicht schon passiert, daß die Schnittrosen in der Vase Wurzeln gebildet haben? Sogleich entsteht der Wunsch, der Vergänglichkeit ein Schnippchen zu schlagen. Wenn der Rosenstiel, der in der Vase neues Leben andeutet, eines Tages im Garten oder Topf die erste Blüte zeigt, ist die Freude groß. Wer sich mehr für das »Transplantieren« interessiert, kann seine Rosen auch veredeln, also Augen von Edelrosen auf Wildunterlagen setzen. Und wer ein wenig Aufwand nicht scheut, kann eine eigene Sorte züchten.

Die Vermehrung

Rosen werden geschlechtlich (generativ) oder ungeschlechtlich (vegetativ) vermehrt.
Bei der generativen Vermehrung – der Grundlage jeder Züchtung – wird die Eizelle in der Blüte vom Pollen befruchtet und bringt den Samen hervor. Durch Kombinationen von Erbanlagen wird so die Entstehung neuer Individuen möglich.
Bei der vegetativen Vermehrung kann man Rosen durch Absenker, Stecklinge, Steckhölzer und Okulation (Veredelung) vermehren. Erblich gesehen wird nur ein Individuum mit seinen Anlagen vervielfältigt.

Wurzelschnittling, Absenker und Steckling

Auf den Praxis-Seiten 58 und 59 werden diese Möglichkeiten der Vermehrung genau erklärt.
Wurzelschnittlinge sind bei wurzelechten (also nicht veredelten) Rosen die sicherste Möglichkeit der Vermehrung. *Rosa rugosa, Rosa x rugotida, Rosa gallica* und etliche Zentifolien bilden sogar Wurzelausläufer, die abgetrennt werden können.

Bei öfterblühenden Rosen ist es nicht ungewöhnlich, wenn im Spätherbst letzte Blüten, Knospen und sogar Hagebutten gleichzeitig vom Rauhreif überrascht werden.

Vermehren und ZÜCHTEN

Absenker: Bei veredelten Pflanzen, die auf einer genetisch anders gearteten Wurzel stehen, kann man Teile der Triebe zum Bewurzeln bringen, indem man sie in die Erde hinabbiegt, damit sie dort anwurzeln. Geeignet sind langtriebige, überhängend wachsende Sorten.

Steckholz oder Grünsteckling können in keimfreies Substrat gesteckt werden oder alternativ in Gartenerde (in den Halbschatten, um Hitzestau zu vermeiden). Einmachglas darüberstülpen. Später mit »Wurzelballen« umpflanzen.

Die Strauchrose 'München' wurde 1940 von Kordes gezüchtet und ist inzwischen zu einer Rarität in Rosengärten geworden. Sie ist nicht mehr im Fachhandel erhältlich.

Mein Tip: Alle neueren Sorten stehen unter Züchterschutz. Sie dürfen für den privaten Bedarf vermehrt, aber nicht weiterverkauft werden.

Das Veredeln

→ Praxis-Seite 59. Geeignete Unterlagen sind Wildlinge von *Rosa canina*, weil sie eine gute Frosthärte besitzen.

- Für die Wurzelveredlung werden stets nur 1jährige Sämlinge (8 bis 12 cm Durchmesser), für Hochstämme dagegen 2- bis 4jährige Pflanzen mit einem einzelnen, etwa 1,50 m hohen, glatten Trieb verwendet.
- Auf den Wurzelhals wird nur 1 Auge eingesetzt, auf Hochstämme 2, einander gegenüber stehende Augen, in der Höhe um einige Zentimeter versetzt.

Rosen selber züchten

Wer erfolgreich züchten will, sollte nicht nur die Technik beherrschen, sondern auch die Sorten und ihre Eigenheiten genau kennen, um die geeigneten Kreuzungspartner aussuchen zu können.

Die Bestäubung

Etwa einen Tag bevor sich die Blütenblätter öffnen, werden sie und alle Staubgefäße mit einer Pinzette vorsichtig entfernt. Die Narben nicht verletzen, denn sie sind empfangsbereit für die Pollen.

- Von der gewünschten Vatersorte den Pollen mit einem feinen Haarpinsel oder dem Finger entnehmen und auf die Narben der Muttersorte übertragen.
- Anschließend erhält diese Blüte ein Alufolien- oder Staniolhütchen, damit keine Fremdbefruchtung mehr stattfinden kann.
- Blüte mit Nummern-Etikett versehen. Vater- und Muttersorte, Nummer und Datum der Bestäubung ins Zuchtbuch eintragen.
- Nach 3 Tagen Hütchen abnehmen, damit sich darunter kein Schimmel bildet. Die Narben sind nicht mehr empfangsbereit.

Die Hagebutten

Die heranreifenden Hagebutten haben wie Äpfel eine dünne Wachsschicht, die bei Berührung zerstört wird. Hagebuttenfäulnis kann einsetzen. Beim Kreuzen deshalb nur die Kelchblätter anfassen.

- Bei gelboranger oder roter Färbung im Dezember die reifen Hagebutten ernten: Entkernen, durch Waschen, vorsichtiges Reiben und Absieben die Samen reinigen.
- Mit einer Beize gegen Pilze (im Fachhandel erhältlich) behandeln. Dazu den Samen in der Lösung baden, trocknen lassen und sofort aussäen.

Die Aussaat

Für die Aussaat eignet sich ein Kleingewächshaus, weil man die Pflanzen dort gut vor Frost schützen kann und besser unter Kontrolle behält.

- Die Samen in ein mäßig feucht gehaltenes Saatbeet mit lockerem Substrat oder in eine Saatschale im Abstand von 1 bis 3 cm flach in Reihen mit 10 bis 20 cm Zwischenraum säen. Leicht andrücken und etwa 0,5 cm mit Substrat oder Sand abdecken. Die Saatreihen mit den Zuchtnummern etikettieren.
- Die Saat liegt 2 Monate bei etwa 4 bis 6 °C bis zur Keimung. Erfolgt die Keimung in milden Wintern vor Mitte Februar, so muß für genügend Licht gesorgt werden.
- Bei Keimbeginn Temperatur erhöhen: 20 bis 24 °C tags und 10 °C nachts. Kühlere Anzucht verzögert den Blühbeginn.
- Ab Ende Mai nur gesunde Pflanzen mit Wurzelballen in das sonnige Pflanzbeet umsetzen. Dort bleiben sie etwa 3 Jahre auf eigener Wurzel stehen, um sich zu bewähren.

Selektion ist nun wichtig: Kranke und in der Blüte unbefriedigende Pflanzen entfernen.

Mutationen oder Sports

Selten, doch immer wieder treten in der Natur spontane Erbsprünge auf, sogenannte Mutationen oder Sports. Entstehen sie in einer Knospe, dann können sie einen ganzen Trieb prägen und beeinflussen.

Sie beziehen sich in aller Regel auf ein einziges Merkmal, zum Beispiel die Blütenfarbe. So entstand an der roten Floribunda-Rose 'Joseph Guy' ein Trieb mit hellrosa Blüten. Die Veredelungen aus dessen Augen blühten ebenfalls hellrosa. Eine neue, ausreichend konstante Sorte war geboren, die aber in allen übrigen Merkmalen der Ursprungssorte exakt entsprach. Sie wurde 'Frau Astrid Späth' genannt und ihr Entdecker – die Baumschule Späth – durfte sich als ihr »Züchter« bezeichnen.

Neben Farbmutanten treten Veränderungen der Wuchsform relativ häufig auf: Bei niedrigen Sorten entsteht plötzlich ein ungewöhnlich langer Trieb. Kletterrosen können so als »Climbing-Sports« aus Beetrosen entstehen. Sie sind in unserem Klima meistens nicht besonders erfolgreich, gedeihen aber in südlicheren Ländern gut.

Rosen PRAXIS *Veredeln und Vermehren*

Aus eins mach zwei oder viele. Hier wird gezeigt, wie man Rosen durch Wurzelschnittlinge, Absenker, Stecklinge oder durch die Okulation, das »Äugeln«, wie man früher zu sagen pflegte, vermehrt. Wer sauber arbeitet, hat auch Erfolg.
Mit Stolz kann man dann verkünden, daß diese Rose nicht gekauft, sondern mit eigenen Händen herangezogen wurde.

1 Absenker. Trieb an der tiefsten Stelle im Boden verankern, 20 cm Trieblänge überhäufeln.

2 Stecklinge. a) 15 – 20 cm langes Triebstück unterhalb eines Auges glatt abschneiden, Blätter bis auf die zwei obersten entfernen.

Vermehrung durch Wurzelschnittlinge, Absenker, Grünstecklinge

Wurzelschnittlinge: Im Frühjahr einige kräftige Wurzeln abschneiden, in 6–8 cm lange Stücke teilen, dabei möglichst die Faserwurzeln belassen und flach mit Erde bedecken. Nur für wurzelechte Rosen geeignet.
Absenker (→Zeichnung 1): Im Frühjahr einen längeren Trieb hinunterbiegen, im Boden festhaken und 20 cm des Triebes mit Erde bedecken. Die Triebspitze muß hinausschauen. Besonders geeignet für langtriebige, überhängend wachsende Sorten.
Grünstecklinge: Ihre beste Zeit ist Juni/Juli. Die Rosenzweige sind dann gerade richtig – nicht ganz jung und weich, aber noch nicht zu stark verholzt.

- Substrat vorbereiten: Lockere Gartenerde oder gut ausgereiften Kompost (beide sollten möglichst wenig nährstoffreich sein) mit der gleichen Menge gewaschenen Flußsandes vermischen und dämpfen (auf 100 °C feucht erhitzen), damit Keime und Unkrautsamen abgetötet werden. Etwa 3 Wochen danach Substrat in etwas höhere Stecklingsschalen oder Blumenkästen geben. Locker und feucht halten, aber nicht naß. Man kann aber auch Fertigsubstrat wie Perlite kaufen.
- Stecklinge zurechtschneiden (→Zeichnung 2a): Soviel gesunde Triebe, wie benötigt werden, abschneiden und auf 3 bis 5 Augen kürzen. Alle Blätter bis auf die beiden obersten entfernen.
- Einsetzen (→Zeichnung 2b): Jeden Steckling zuerst in Bewurzelungsmittel (im Fachhandel erhältlich) tauchen. Dann mit jeweils 5 cm Abstand leicht schräg bis zum Blattansatz ins Substrat stecken, andrücken und gießen.
- Pflegen: Stecklingskästen mit Glas abdecken, von Zeit zu Zeit lüften. Hell, aber nicht sonnig stellen. Wenn sich nach etwa 6 Wochen Wurzeln gebildet haben, in etwas nährstoffreichere Gartenerde oder ein Kompost-Kulturerd-Gemisch in Töpfe umsetzen. Zum Überwintern die Töpfe ins Frühbeet einfüttern, oder Stecklinge auspflanzen und vor Frost mit Fichtenreisig schützen.

b) Steckling in Bewurzelungshormon tauchen und bis zum Blattansatz in das Substrat stecken.

Veredeln

Bei Rosen hat sich die Veredelung durch Okulation (von lat. *oculus* = Auge) am besten bewährt. Hierbei wird ein Auge der Edelsorte am Wurzelhals eines Wildlings hinter die Rinde eingesetzt, bei Stammrosen in der Höhe am Stamm, in der später die Krone ansetzen soll.
Erster Schritt: Zum Veredeln geeignete Wildlinge (→Seite 56) im Frühjahr oder Herbst an Ort und Stelle in 20 cm Abstand einpflanzen, Reihen jeweils 70 cm voneinander entfernt.
Zweiter Schritt: Im Juli/August wird okuliert. Am Veredelungstag Edelreiser schneiden, entblättern

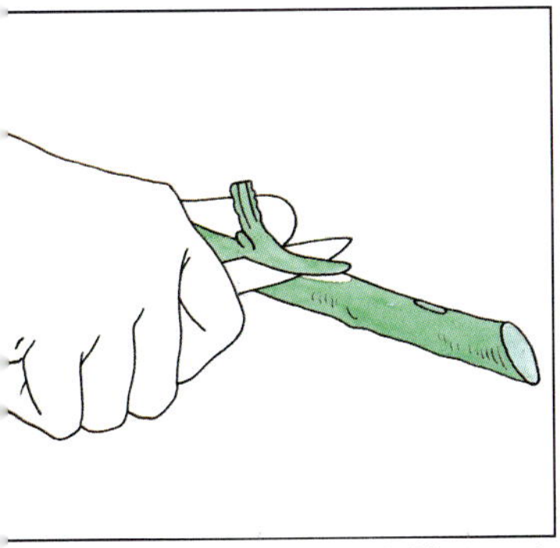

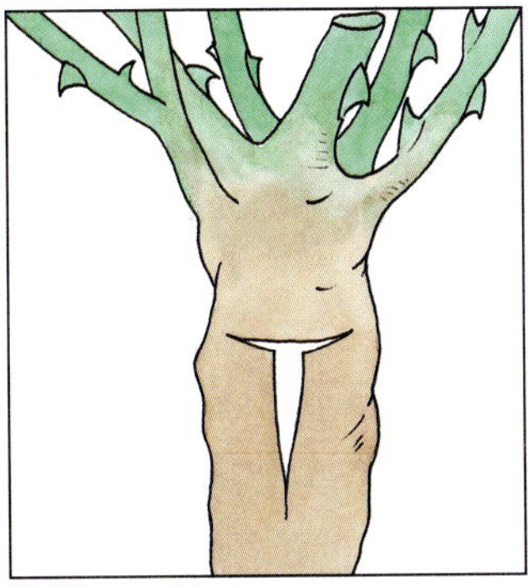

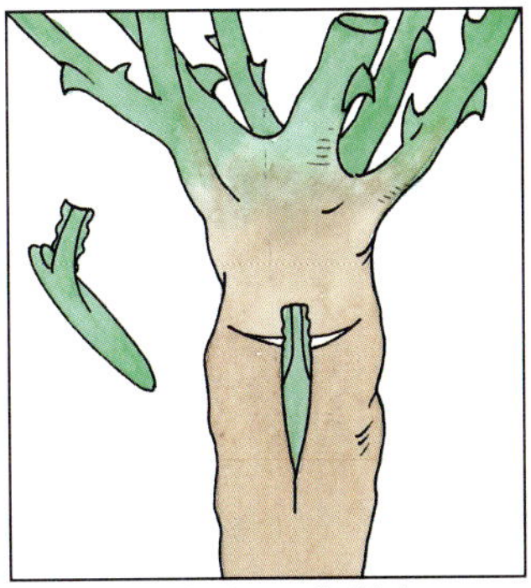

3 Veredeln. a) Auge mit Blattansatz in Wuchsrichtung flach aus dem Edelreis schneiden.

b) Mit dem Okuliermesser ein langes T in die Rinde der Veredelungsunterlage schneiden.

c) Rindenblättchen mit Edelauge von oben unter die beiden gelösten Rindenflügel schieben.

(Blattstiele 0,5 cm stehen lassen), entdornen, etikettieren und in Wasser stellen. (Oder im Kühlschrank in nassen Tüchern bis zu 3 Tage frisch halten.)
Dritter Schritt: Wurzelhälse der Wildlinge freilegen, mit sauberem Tuch abwischen und alle nach einer Seite biegen. Immer nur soviele Wurzelhälse vorbereiten, wie man in 1 Stunde veredelt. Die Schnittstelle nicht in Hauptwindrichtung anlegen!
Vierter Schritt: Okuliermesser (im Gartenfachhandel) gut schärfen und in kochendes Wasser tauchen, damit es keimfrei wird. Sauberkeit ist für das Anwachsen des Auges wichtig.

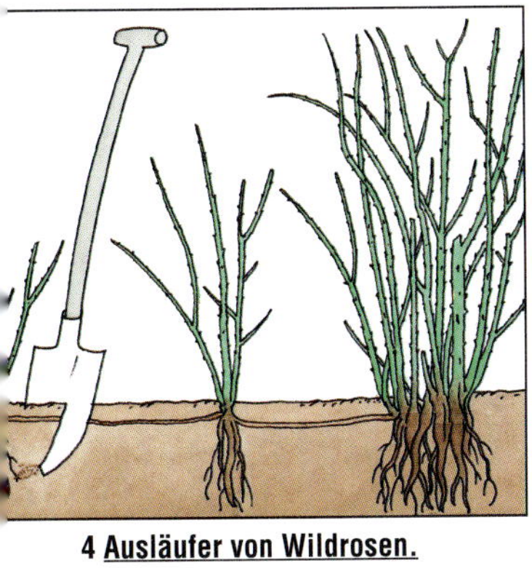

4 Ausläufer von Wildrosen. Mit einem scharfen Spaten den Ausläufer abstechen und an der gewünschten Stelle einpflanzen.

Fünfter Schritt: Das Einsetzen der Augen muß schnell gehen. Deswegen an Ort und Stelle aus den Edeltrieben mit dem Okuliermesser möglichst flach in Wuchsrichtung das Auge zusammen mit einem etwa 3 cm langen Rindenblättchen herausschneiden. Anschließend den Holzspan hinter dem Rindenblättchen von oben lösen und entfernen (→ Zeichnung 3a). Die Augen am Reis von oben nach unten nutzen.
Sechster Schritt: Mit dem Okuliermesser am Wurzelhals des Wildlings einen T-Schnitt anbringen (→Zeichnung 3b).
Siebter Schritt: Mit dem Löser des Okuliermessers die beiden Rindenlappen lösen und das Rindenblättchen mit dem Edelauge von oben hineinschieben. Was über den T-Strich hinausragt, wird abgeschnitten, so daß Auge und Blättchen ganz unter der Rinde verschwinden (→ Zeichnung 3c).
Achter Schritt: Alles fest mit Bast oder Veredelungsgummi umwickeln, das Auge selbst frei lassen (→Zeichnung 3d).
Neunter Schritt: Alle Okulate anhäufeln, damit sie nicht austrocknen. So überwintern sie auch. Hochstämme werden wieder angebunden.

d) Alles fest mit Bast umwickeln. Auge frei lassen. Oder mit Veredelungsgummi umspannen.

Zehnter Schritt: Bast nach 6 Wochen durch einen Schnitt auf der Rückseite lösen, damit er beim Dickenwachstum nicht einschnürt. Das Edelauge ist dann angewachsen und überwintert schlafend an der Pflanze.
Elfter Schritt: Im folgenden Frühjahr die ganze Wildlingskrone 1 cm über der Veredelungsstelle mit einem einzigen, sauberen Schnitt abschneiden. Sprießende Wildtriebe abknipsen, damit alle Kraft in den Edeltrieb fließt.

Mit Rosen GESTALTEN

Den eigenen Garten verzaubern

Keine Königin ohne Hofstaat! Unterstreichen Sie den Charme Ihrer Rosen durch wunderschöne Begleitpflanzen. Oder gestalten Sie mit den Rosen selbst – sei es am Rosenbogen, an Pergola oder Spalier. Lassen Sie es blühen und ranken!

Duftiger Blütenteppich mit 'Bonica '82' und Glockenblumen. Eine moderne büschelblütige Beetrose mit nostalgischem Charme und guter Gesundheit.

Mit Rosen
GESTALTEN

Zu welch gestalterischen Leistungen Kletterrosen fähig sind, ist schon erstaunlich. Die mit 'Alexandre Girault' voll überwachsene Kuppel L'Hay-les-Roses bei Paris kann jeden zur mutigen Verwendung von Kletterrosen inspirieren. Aber auch mit Beet- oder Strauchrosen lassen sich zauberhafte Gartensituationen kreieren.

Das Wort »Garten« meint den umfriedeten, von der »wilden« Natur abgegrenzten und vor ihr zu schützenden Raum zum Anbau lebensnotwendiger Nutzpflanzen. Mit seiner Form – Quadrat, Rechteck, Kreis, Oval – begann der Mensch zu »gestalten«. Die Proportion wurde wichtig. Sie hat Bezug zum Menschen.

Die Gartenkunst macht den gewaltigen geistigen Umbruch der Aufklärung vom Herrschaftsdenken zur freien, verantwortlichen Persönlichkeitsentfaltung bildhaft erkennbar: Das feudale, barocke Schloßparterre in seiner zur Dekoration erstarrten Pflanzenbeherrschung einerseits und der dem scheinbar chaotischen Ordnungsprinzip Natur nachempfundene englische Landschaftspark andererseits drücken das unterschiedliche Lebensgefühl der jeweiligen Epoche aus. Die geistige Einstellung zum Umgang mit Natur wird deutlich. Dem Prinzip Beherrschung und Macht stehen Einfühlungsvermögen, Behutsamkeit und Achtung vor dem Leben diametral gegenüber. Zwischen diesen Polen bewegt sich auch heute noch unter viel differenzierteren Bedingungen die Gartenkunst.

Eine interessante Synthese aus geometrischer Ordnung und Überschwang des Lebendigen hat sich besonders in englischen Gärten zu Beginn dieses Jahrhunderts mit viel Phantasie entwickelt. Im formal gebauten Garten erhalten die Pflanzen die Freiheit, sich ungehindert durch Schnitt oder Reglement zu natürlicher Schönheit zu entfalten und Gebautes dadurch »lebendig« werden zu lassen. Dieses Spannungsverhältnis versinnbildlicht »Toleranz«. So spiegelt jeder Garten die Persönlichkeit seiner Besitzer und Planer wider. Es lohnt sich, die Rose in dieses Planungsgeschehen einzubeziehen.

Der Beginn der Blüte

Niemals blühen alle Rosensorten auf einmal. Es gibt für den Blühbeginn vier Zeiträume:

Im Mai: Frühblühende Wildrosen wie *Rosa hugonis* oder *Rosa pimpinellifolia* und Strauchrosen wie 'Nevada' und 'Marguerite Hilling'. Dann einige frühe Kletterrosen wie 'Gruß an Zabern', 'Mme Sancy de Parabère' und 'Gloire de Dijon'.

In der ersten Juni-Hälfte blühen die meisten Wildrosen, Bodendecker-Rosen, Kletterrosen, einmalblühende Strauchrosen und Alte Rosen.

Ein architektonischer Garten, in dem die lockere Form der Rosen durch Buchs-Einfassungen eine strenge symmetrische Optik erhält.

In der zweite Juni-Hälfte blühen amerikanische Wildrosen, alle großblumigen und büschelblütigen Beetrosen, Minirosen sowie öfterblühende Strauchrosen und Bodendecker-Rosen.

Anfang Juli blühen kleinblumige, vielblütige Kletterrosen wie 'Excelsa' und 'Dorothy Perkins'; Bodendecker-Rosen wie 'Immensee', 'Heidekönigin', 'The Fairy' und 'Palmengarten Frankfurt'. Zur noch andauernden Blüte der Beetrosen kommen 'Mlle Cécile Brunner' und ähnliche Chinensis-Hybriden mit ihrem Flor dazu.

Mit Rosen GESTALTEN

Diese Blütezeiten gelten für alle milden Klimaregionen Deutschlands. Die übrigen Gebiete müssen je nach Lage mit einer Verspätung von ein bis drei Wochen rechnen. Die jahresbedingten Abweichungen werden zum Sommer hin geringer.

Farbe und Struktur

Farben werden sehr subjektiv empfunden – in der Jugend anders als im Alter. Auch von Zeitgeist und Mode wird unser Farbsinn beeinflußt. Starke Farbkontraste drücken Energie aus. Farben können zueinander in Harmonie stehen oder einen Reizklang bilden. Während die öfterblühenden Rosen ihr Farbthema im Sommer immer wieder aufgreifen, tragen die Begleitstauden je nach Blütezeit Dur- oder Moll-Akkorde dazu bei. »Komponieren« Sie also selbst Ihre ganz persönliche farbige Pflanzung.

Struktur: Wie die Musik von der Klangfarbe der Instrumente beeinflußt wird, so werden Pflanzenkombinationen nicht nur durch die Blütenfarben, sondern auch durch die Grafik und Struktur der Blüten, Blätter und Zweige geprägt. Die einfache Blüte einer Wildrose mutet ganz anders an als die gefüllte Blütenkugel einer Zentifolien-Rose oder die elegante Spiralform einer Edelrose. Achten Sie deshalb nicht nur auf die Blüten, sondern auch auf die verschiedenen Blattformen, Grüntöne und Oberflächenstrukturen von Rosenlaub und Begleitpflanzen. Hinschauen und Ausprobieren lohnt sich.

Ein Garten für Rosen

Ein architektonischer Garten mit Rabatten und geometrischen Buchseinfassungen kann viele verschiedene Rosenformen aufnehmen.

- Miniaturrosen sind im Hochbeet geeignet, damit die Kleinode dem Auge näher sind.
- Büschelblütige Rosen und Edelrosen füllen geometrische Felder aus, bilden Rabatten.
- Hochstämme oder Kaskadenrosen sind aus der Ebene herausragende Blickpunkte und können Achsen, Alleen oder Eckpunkte markieren.
- Kletterrosen lassen sich für Rosenbogen, Kegel, Säule und zum Beranken von Pergola und Laube verwenden.

Gestaltungselemente

Lassen Sie sich auch von den Praxis-Seiten 66 und 67 zum Gestalten inspirieren. Die folgenden Beispiele eignen sich besonders gut für Kletterrosen.

Die Pergola geht gerne eine Verbindung mit einem Gebäudeteil ein, begleitet Wege oder betont Begrenzungen, und sei es nur die des Sitzplatzes.

Die Rosengirlande ist eine Spezialform der Pergola. Auf ihre Größe ist bei der Sortenwahl zu achten.

Laube und Baldachin sind dem Rosenbogen oder der Pergola ähnlich. Sie bieten Schutz und schaffen eine heimelige Atmosphäre.

Gartenleuchten, die mit Kletterrosen bekleidet werden, verlieren ihre Steifheit. Die Langtriebe breiten sich oben oft elegant schirmartig aus.

Spaliere können freistehend als »Raumteiler« genutzt oder an Wänden angebracht werden, um diese zu verschönern.

Wände können ohne Spaliere von Rosen nicht bekleidet werden. Zur flächigen Bedeckung sollten die Triebe fächerförmig angebunden werden.

Mauern, die durch ihre Struktur einen eigenen Zierwert besitzen und deshalb nicht flächendeckend mit Rosen bekleidet werden sollen, erhalten durch eine Kletterrose, die nur eine Ecke oder einen Winkel locker mit ein oder zwei Blütentrieben überspinnt, eine eindrucksvolle Belebung. Als Kletterrosen, die über Mauern und Böschungen herabhängen, nimmt man vorzugsweise weichtriebige Rambler-Sorten.

Balkone über einer Veranda werden durch vitale Kletterrosen, die diese Höhe meistern, bemerkenswert verschönt.

Der naturnahe Garten

Der »Ökogarten« erfordert eine gewisse Mindestgröße und orientiert sich an der vorgegebenen Standortsituation. In sonniger Lage nimmt er heimische Wildrosen auf – in ungeschnittener freier Wuchsform –, begleitet von Kiefern, Wacholderbüschen und heimischen Wildkräutern wie Wiesenglockenblumen, Salbei,

Dost, Thymian, Wegwarte. In städtisch besiedelten Bereichen ist gegen die Wildrosen fremder Kontinente selbst in naturnahen Gärten nichts einzuwenden, besonders wenn ihre Hagebutten von den heimischen Vögeln gern gefressen werden.

Ein fröhlicher Staudengarten mit Rosen lädt zu freier Persönlichkeitsentfaltung der Pflanzen ein. Wohltuend aufeinander abgestimmt sind die Rosen 'Schneewittchen', 'Leverkusen' und 'Prosperity' mit *Lysimachia punctata, Alchemilla mollis, Helichrysum, Anthemis, Inula* und anderen Stauden.

Der landschaftlich betonte Hausgarten

Hier haben zusätzlich die ausladenden Strauch- und Kletterrosen eine Heimat gefunden. Sie sind gute Raumbildner. Die natürlichste Kletterhilfe für Rosen ist der Baum. Wildrosen wachsen beispielsweise hoch in Kiefern hinein. Solche »Rosen-Bäume« müssen einigermaßen lichtdurchlässig sein. Neben Kiefern sind auch ältere Lärchen, Robinien oder bizarre Obstbäume geeignet.

Große Gärten können durch Strauchrosen, die in Gruppen oder als Solitärs gepflanzt werden, in unterschiedlichste, reizvolle Kleinräume, lauschige Winkel unterteilt werden. Alte und Englische Rosen sind dafür wie geschaffen. Ihre zauberhaften Blüten erfreuen meist durch Farbe und Duft.

Mein Tip: Rosen nicht an Birken hochklettern lassen. Diese Flachwurzler schaffen zuviel Wurzelkonkurrenz.

Rosen **PRAXIS** *Gestalten*

»Erlaubt ist, was gefällt« – mit Farben und Strukturen kreativ zu gestalten, ist auch im kleinsten Garten reizvoll. Zu den Rosen, die selbst schon eine Vielfalt an Farben, Blütenformen und Wuchstypen bieten, suchen Sie noch geeignete Hintergrund- und Begleitpflanzen als Nachbarn aus. Rosen und ihre Begleiter sollen harmonisch oder doch wenigstens verträglich miteinander sein, dürfen sich aber gern durch spannungsreiche Kontraste gegenseitig in ihrer Wirkung steigern.

2 Spalier mit Abstandhalterung an der Wand befestigen.

Gestaltungstips

- Setzen Sie bei Beet- oder Edelrosen immer mindestens 3 Pflanzen einer Sorte zusammen.
- Bedenken Sie die Wuchshöhe bei der Sortenwahl.
- Kombinieren Sie mit farblich aufeinander abgestimmten Blüten- und Blattfarben. Das Nebeneinander zu lauter Farben kann die Harmonie auch stören.
- Bei »Ton in Ton«-Kompositionen sollten die Rosen und nicht die Begleiter tonangebend sein.
- Blüten- und Blattstrukturen auch bei der Auswahl der Rosenbegleiter beachten.
- Als Sonnenkinder brauchen Rosen stets genügend Abstand von höheren Gehölzen. Diese bieten auch dann noch Schutz vor kalten Winden.
- Zur Rosennachbarschaft besonders geeignet sind Stauden sowie einige Zwerg- und Halbsträucher, die oft schon den Stauden zugerechnet werden, etwa Bartblume, Salbei, Lavendel oder Ehrenpreis-Arten.
- Blau paßt zu allen Rosenfarben gut.
- Als ruhige Hintergründe sind dunkle Nadelgehölze, grüner Efeu oder blaue Clematis geeignet.

1 Rosenbogen. Triebe gut an Halterung anbinden.

Gestalten mit Kletterrosen

Kletterrosen verschönern Hauswände, Mauern, Zäune und vieles andere. In der Regel brauchen sie eine Stütze, zum Beispiel eine Pergola oder ein Spalier.

Rosenbögen (→Zeichnung 1): Sie betonen Eingänge oder besondere Sitzplätze. Kletterrosen müssen erst senkrecht an Höhe gewinnen, bevor sie sich waagerecht über den Bogen legen können. Biegsame Langtriebe anbinden oder vorsichtig durch Querstäbe ziehen. Sie halten durch ihre eigene Spannung.

Spalier (→Zeichnung 2):

- Mit Abstandshaltern von wenigstens 3 cm an der Hauswand befestigen. Ein großzügiges Rechtecksystem aus Vierkanthölzern ist zum Anbinden praktisch. Abstände 1,2 m in der Senkrechten und 0,7 m in der Waagerechten. Das Spalier kann auch im Rautenmuster an der Wand befestigt werden.
- Langtriebe bogenförmig flach oder schräg über dem Spalier verteilen. Sie sollen sich möglichst nicht überkreuzen. Man kann sie natürlich auch streng formal in waagerechten Etagen anheften. Wenn sie rechtzeitig

3 Rosenpyramide. Bambusstäbe tief im Boden verankern, oben zusammenbinden.

zwischen Wand und Spalier gesteckt werden, ist Festbinden nicht notwendig.

• Wenn Sie Drähte zum Anbinden verwenden, sollten diese dick mit Kunststoff ummantelt sein, sonst besteht wegen der Wärmeleitfähigkeit erhöhte Frostgefahr für die Rosen.

Pyramide (→ Zeichnung 3): Damit sie von unten bis oben blüht, dürfen die Langtriebe etagenweise nur sanft ansteigen. Dafür werden sie spiralförmig herumgelegt und angeheftet. Das gilt auch für die Umrankung einer Säule. Durch 3 oder 4 Kletterrosen, gleichmäßig um die Pyramide oder Säule gepflanzt, erreicht man Einheitlichkeit.

Zaun (→ Zeichnung 4): Triebe fächerförmig oder exakt horizontal anbinden. Rosen wachsen dann in Etagen.

Praktische Tips

Anbinden: Die diesjährigen Langtriebe möglichst bogenförmig in die Waagerechte bringen, dann blühen sie im nächsten Sommer besonders üppig. Bei Rambler-Sorten kann man sie auch einfach nach unten hängen lassen.

Materialien: Gut geeignet sind Kokosstrick, Bindeweiden (etwas schwierig zu handhaben), weicher ummantelter Draht (nicht zu straff ziehen), verstellbare Ösen-Kunststoffbänder (wiederverwendbar). Ungeeignet ist Bast.

Schneiden: Besonders wichtig an Rosenbögen, Säulen und Pyramiden, da die senkrecht wachsenden Triebe im Folgejahr hauptsächlich im oberen Bereich blühen und unten verkahlen. Durch den gestuften Rückschnitt kann man diesen Effekt etwas ausgleichen (→ Praxis Schneiden, Seite 42 und 43).

Gestalten mit Strauchrosen

Solitär gepflanzt sind Strauchrosen besonders wirkungsvolle Blickpunkte, die den Garten in einzelne Räume gliedern. Überlegen Sie sich bei der Sortenwahl, ob Sie einmal- und öfterblühenden Rosen bevorzugen.

Gestalten mit Hochstämmen

Kaskadenrosen wirken durch ihre Glockenform. Sie sollten deshalb immer frei stehen. Bei Reihenpflanzung (Allee) auf genügend Abstand achten.

5 Rosen hoch hinaus. Triebe der Kletterrose an der Gartenleuchte entlangführen und in großzügigen Abständen festbinden.

Hochstammrosen sind für formal betonte Gärten ein interessantes Gestaltungsmittel zur Betonung geometrischer Formen.

Gestalten mit Beet- und Miniaturrosen

• Für Rabatten nicht zu hochwüchsige Sorten auswählen.

• Büschelblütige Rosen bringen eine große Farbwirkung.

• Bei großblumigen Edelrosen wirkt die Einzelblüte immer als Attraktion.

• In streng formalen Gärten die Rosenbeete mit kleinen Buchsbaum- oder Gamanderhecken begrenzen, im naturnahen Garten die Vielfalt der Begleitstauden nutzen.

• Miniaturrosen mit ihren kleinen Blüten einen gut sichtbaren Standort geben, also möglichst in Augenhöhe, auf Hochbeete oder Terrassen pflanzen.

4 Rosenzaun mit Kletterrosen. Triebe fächerförmig verteilen und rechtzeitig anbinden, wenn sie gerade noch biegsam sind.

Der kleine Garten
Kleinere Strauchrosenformen und natürlich Edelrosen und Büschelblütige gewinnen hier angesichts zunehmender architektonischer Strukturen an Bedeutung, weil sie gliedern helfen und Platz sparen.
Selbst eine schmal geschnittene Hecke bietet manchen Singvögeln noch Brutmöglichkeiten. Für kleine Gärten sind kleinblumige Rosen mit geringerem Wachstum bis hin zu den Polyantha-Rosen und Miniaturrosen – letztere auch in Ampeln oder Kübeln – zu empfehlen.
Auch sollte man die Kletterrosen nicht vergessen, die den Garten platzsparend nach oben vergrößern.

Alter Garten – neue Rosen
Viel häufiger als die Garten-Neuplanung ist der Wunsch nach Veränderung eines bestehenden Gartens. Nur wenige Bäume und Sträucher können auf Dauer den Garten prägen. Auf viele Pflanzen muß man bereits nach acht bis zehn Jahren verzichten. Das Freistellen markanter Gehölze sichert deren Form und bringt Licht und Sonne in den Garten: Hier entsteht Platz für Rosen.

Beim Beranken von Bäumen übertreffen Rambler-Kletterrosen alle Climber-Sorten. Links 'Rambling Rector', rechts 'Kiftsgate'.

Mit Rosen GESTALTEN

Rosen und Gehölze

Das Zusammenpflanzen von Rosen mit Gehölzen, Stauden und Sommerblumen ist reizvoll, wirft ökologisch und pflegetechnisch aber auch Probleme auf. Rosen lieben offenen, gut durchlüfteten Boden, sind allergisch gegen den Wurzelfilz anderer Pflanzen und benötigen mehr Nährstoffe als die meisten Nachbarpflanzen.
Grundsätzlich sollten Sie beim Zusammenpflanzen von Rosen und Gehölzen auf folgendes achten:

'Excelsa', eine überreich blühende Rambler-Kletterrose, verwandelt diese Gartenmauer einmal im Jahr in ein herrliches Blütenmeer.

- Ein höherer Gehölzgürtel im Norden und Osten des Gartens bietet den Rosen Schutz vor kalten Winden und wirkt als Kulisse sehr gut.
- Halten Sie beim Pflanzen von Rosen genügend Abstand zu größeren Gehölzen, denn Rosen lieben Sonne und Licht.
- Blütenfarben bei gleichzeitig blühenden Gehölzen auf die Farben der Rosen abstimmen
- Größe der Gehölze bedenken, um dauerndes Beschneiden zu vermeiden.
- Standortansprüche der Gehölze berücksichtigen.

Mein Tip: Kirschlorbeer und Rhododendron eignen sich nicht zum Kombinieren mit Rosen. Auch Kletterpflanzen wie Knöterich, Baumwürger und Glyzine können durch ihre Wuchskraft den Rosen gefährlich werden. Deshalb besser darauf verzichten.

Nadelgehölze
Vom dunklen Grün der Nadeln heben sich die Farben der davor gepflanzten Beet- und Strauchrosen wohltuend ab.
• In größeren Gärten kann man hochwachsende Gehölze wie Tanne, Lärche, Fichte, Kiefer, Zeder und Douglasie als Hintergrund verwenden. Einige Wuchsformen der Kiefer eignen sich auch für kleinere Gärten. Sie passen sehr gut zu Wildrosen.
• Mittelhohe Nadelgehölze können als Hintergrund, aber auch einzeln oder in Gruppen als Rosenbegleiter gut wirken: Eiben, Latschen und Wacholder sind geeignet, ebenso Hemlockstanne, Lebensbaum und Scheinzypresse.
• Niedrige Nadelgehölze lassen sich zwischen die Rosen oder als Bodendecker pflanzen: Zwergwacholder, Zwergfichte, Zwergkiefer oder die zwergige Wildform der Hemlockstanne (*Tsuga mertensiana*).

Laubgehölze
Auch sie bringen Abwechslung in die Rosenpflanzungen. Gleichzeitig mit Rosen blühen:
• Sommerflieder (*Buddleja alternifolia*), lila-purpurrosa, Juni, 200–300 cm hoch, braucht gelegentlich einen Verjüngungsschnitt ins alte Holz.
• Schneeflockenstrauch (*Chionanthus virginicus*:), rahmweiß, Juni, 300 bis 400 cm hoch, sehr dekorativ zu roten und gelben Rosen; nicht zu rosafarbenen kombinieren.
• Japanischer Blumen-Hartriegel (*Cornus kousa*), gelb-grünlich-weiß, Juni, 500 cm hoch; rote, eßbare Früchte.
• Perückenstrauch (*Cotinus coggygria*), gelblich, nach der Blüte rötliche Fruchtstände, Juli bis August, 200 bis 300 cm hoch, breit ausladend, schöne Herbstfärbung.
• Johanniskraut (*Hypericum*-Arten), gelb, Juli bis Oktober, 60 bis 100 cm hoch; das intensive Gelb verträgt sich mit dunkelroten und orangefarbenen Rosen.
• Perlmuttstrauch (*Kolkwitzia amabilis*), hellrosa, Mai bis Juni, 200 bis 300 cm hoch, sehr schön zu frühen weißen und roten Rosen.
• Fingerstrauch (*Potentilla fruticosa*), gelb, Mai bis August, 100 cm hoch, mit kleinen gelben, rosenähnlichen Blüten.
• Heidetamariske (*Tamarix pentandra*), rosapurpur, Juli bis August, 300 bis 400 cm hoch; nicht zu roten und gelben Rosen kombinieren.
• Buchsbaum (*Buxus sempervirens* L.) dient als kleine Buchshecke zur Einfassung von Rosenbeeten; als geschnittene Halbkugel, Pyramide und ungeschnittener Strauch kann er in Sonne oder Halbschatten gut als Blickfang oder Hintergrund gepflanzt werden.

Zwerg- und Halbsträucher
Zu den reizvollsten Rosenbegleitern zählen einige Zwerg- und Halbsträucher. Viele sind graulaubig bis silbrig, und ihre Blätter haben einen würzig-aromatischen Duft – willkommene Eigenschaften in Rosennachbarschaft. In der Kultur sind sie einfach, benötigen viel Sonne und einen jährlichen Rückschnitt
• Bartblume (*Caryopteris incana* Miq.), dunkelblau, September, 80 cm hoch.
• Echter Lavendel (*Lavandula angustifolia* Mill.), lilablau, Juni bis Juli, 50 cm hoch; paßt zu fast allen Rosenfarben; darf nur im Frühjahr zurückgeschnitten werden, aber niemals ins alte Holz, sondern nur auf mindestens je ein Büschel grüner Blätter. Das verhindert eine schnelle Vergreisung.
• Blauraute (*Perovskia abrotanoides* Karel), bläulich, August bis September, 120 cm hoch.
• Echter Salbei (*Salvia officinalis*), lila, Juni bis Juli, 50 cm hoch, auch in rotblättriger Form.

Kletterpflanzen
Clematis-Arten mit ihren hell- bis dunkelblauen und weißen Sorten bieten sich als Partner zu Kletterrosen an. Sie sind auch für Wände oder Spaliere hinter höheren Strauchrosen sehr schön. Reizvoll: *Clematis viticella* und ihre Hybriden mit vielen blauen, glockenförmigen Blüten im Juli und August.
Mein Tip: Bei der Pflanzenwahl beachten, daß die gewaltige Wuchskraft einiger Wild-*Clematis*, zum Beispiel *Clematis vitalba*, den Rosen gefährlich werden kann.

Mit Rosen GESTALTEN

Gräser setzen Zeichen

Gräser sind stets sehr klare, ausdrucksvolle Charaktere, deren Qualität eindeutig in ihrer Struktur und Grafik der Linien liegt. Sie können ebenso Ausrufezeichen wie Fragezeichen oder Gedankenstrich sein. Und viele bringen eine leichtfüßige Verspieltheit in die Pflanzung. Zwischen Wildrosen, aber auch in Verbindung mit Floribunda- und Strauchrosen lassen sie sich gut verwenden.
Mein Tip: Horste alle vier Jahre aufnehmen und teilen.

Niedrige Gräser

Sie eignen sich als Randpflanzung, Einfassung oder als Pflanzung zwischen Gruppen von niedrigen Beetrosen.

• Blauschwingel (*Festuca cinerea*) und Walliser Schwingel (*Festuca valesiaca*) passen mit ihren blauen Horsten sehr gut zu Rosen. Sehr schöne dunkelviolette Ährchen trägt der Regenbogenschwingel (*Festuca amethystina*), 30 cm hoch. Seine Verfärbungen nach der Blüte machen ihn interessant.

• Experimentieren können Sie auch mit Blaugras-Arten (*Sesleria*) und Schneemarbel (*Luzula nivea*). Letztere hat auffallend silbrigweiße, kompakte Ähren.

Höhere Gräser

Sie werden zum Herbst hin immer attraktiver, weil sie sich dann schön verfärben. Je weniger die Rosen gegen Herbst blühen, umso mehr gewinnen die Gräser an Bedeutung. Dabei müssen Sie beachten, daß eine gelbe oder braune Herbstfärbung nicht zu allen Rosenfarben gleich gut paßt. Silbrige Töne sind dagegen verträglicher. Höherwachsende Gräser können einzeln oder in kleinen Gruppen gepflanzt werden.

• Das Reitgras (*Calamagrostis x acutiflora* 'Karl Foerster') wird 180 cm hoch und ist gelblich. Es wirkt straff, wenn sich die Ähren vor und nach der Blüte eng an den Halm angelegt haben, und locker, wenn sich die Ähre während der Blüte oder nach der Samenreife entfaltet.

• Das Chinaschilf (*Miscanthus sinensis*) ist mit seinen monumentalen Horsten ein Gerüstbildner in Gärten und Parks. Neben vielen silbrigen Sorten hat 'Gracillimus' im Winter einen schönen Bronzeton.

• Das Pfeifengras (*Molinia caerulea*) stammt aus der Moorlandschaft und verträgt Kalk schlecht. Seine Unterart ssp. *arundinacea*, zu der die Gartensorten gehören, kommt aber auch auf mineralischen Böden vor. Über dem 50 cm hohen Blattschopf erheben sich die meist straffen, später oben auch lockeren Rispen, die bis 200 cm hoch werden und sich gelb färben. Empfehlenswert sind 'Karl Foerster', 'Windspiel', und 'Transparent'.

• Das Indianergras (*Sorghastrum avenaceum*) eignet sich für besonnte Kalkböden. 150 cm hoch, schöne rötliche Herbstfärbung.

• Die Rutenhirse (*Panicum virgatum*) ist vor allem durch ihre Sorte 'Rehbraun', 120 cm hoch, bekannt geworden. Die braunrote Spätsommerfärbung ist zwischen gelben Rosen sehr attraktiv, vergrünt aber bei Sämlingen.

• Der Blaustrahlhafer (*Helictorichon sempervirens*), ist für kleinere und mittlere Gärten in trockenen Lagen ein geeignetes immergrünes Gras von 120 cm Höhe mit blaugrauen Horsten, die im Juni/Juli mit überhängenden Rispen blühen. Sich verfärbende Halme entfernen.

• Der Atlasschwingel (*Festuca mairei*) trägt auf 120 cm langen, steifen Halmen wenig verzweigte, schlanke Rispen. Schönes grünes, schon im Juni/Juli blühendes Horstgras.

• Die Rasenschmiele (*Deschampsia cespitosa*) ist ein robustes, bis 130 cm hohes immergrünes Horstgras mit überhängenden, rauhen Blättern. Die weitschweifigen Rispen blühen von Juni bis August. Wertvolle Sorten sind 'Bronzeschleier', 'Goldschleier' und die spätblühende 'Tauträger'. Die Rasenschmiele liebt feuchten Boden oder leichten Halbschatten.

• Das Silberährengras (*Achnatherum calamagrostis*) blüht von Juni bis September mit überhängenden Rispen auf straffen Halmen und wird nach der Blüte bräunlich.

• Die Gattung Federgras (*Stipa*) hat eine Reihe von unterschiedlich hohen Arten und Unterarten, unter denen *Stipa barbata* das eleganteste ist. Um bei Wind voll zur Wirkung zu kommen, sollte es locker in Abständen gepflanzt werden. Die kalkliebende, heimische Pflanze braucht Sonne und wird 70 cm hoch.

• Das Lampenputzergras (*Pennisetum alopecuroides*) bildet dekorative grüne Horste, die sich ab Anfang September mit flaumigen, bräunlich-rosig schimmernden Rispenähren besetzen. 'Hameln' als beste Sorte bleibt etwas kompakter als die Art.

Einjahresgräser

Auch unter den Gräsern gibt es Arten, die nur einmal blühen.

• Das große Zittergras (*Briza maxima*) blüht von Juni bis August und wird 40 cm hoch.

• Zierlich ist die 70 cm hohe Zwerghirse (*Eragrostis tef*).

• Die Rispenhirse (*Panicum miliaceum*) bildet schopfartige Rispen von 100 cm Höhe.

Strauchrose, wunderschön gruppiert zwischen Gehölzen und Stauden. Die *Moschata*-Hybride'Penelope' zusammen mit der aparten Königskerze 'Gainsborough' und *Artemisia* 'Lambrook Silver'.

Mit Rosen GESTALTEN

Einjährige Sommerblumen

Von den Annuellen oder Sommerblumen, den Einjährigen also, passen nur wenige zu den Rosen, denn ihre lebhaften, strahlenden Farben, vorwiegend in Gelb und Rot, übertönen diese häufig.
Aussaat im Freiland: Nur wenige Arten wie die Kornblume (*Centaurea cyanus*) lassen sich direkt ins Beet aussäen.
Vorkultur unter Glas: Die meisten Sommerblumen kommen früher zur Blüte, wenn man sie im Kleingewächshaus oder Frühbeetkasten aussät. Dazu zählt der Mehlsalbei, auch Blauähre genannt (*Salvia farinacea*), die mit Abstand schönste Sommerblume in Kombination mit Rosen. Sie blüht violettblau oder silbrig weiß von Ende Juni bis zum ersten kräftigen Frost und ist ein unverzichtbarer Lückenfüller von 70 cm Höhe.
• Die Jungfer im Grünen (*Nigella damascena*) trägt eine blaue oder weiße Sternblüte zwischen dem filigranen Grün der Kelch-

Beetrosen in Gesellschaft. Die reichblühende Floribunda-Rose 'Bonica '82' zwischen den violetten Kerzen von *Veronica longifolia* 'Blauriesin' und den Blütenbällen des gefüllten Mohns, *Papaver somniferum*.

blätter. Die Blätter bilden durch ihre Feingliedrigkeit einen auffallenden Kontrast zum Rosenlaub.

• Der Duftsteinrich (*Lobularia maritima* var. *benthamii*) blüht als niedriger Bodendecker von 10 bis 20 cm Höhe von Juni bis Oktober in den Farben lila, purpur, blauviolett, rosarot und weiß. Ab Mai kann man ihn an Ort und Stelle aussäen. Den Samen nur andrücken, nicht abdecken. Nach 10 Tagen ist er gekeimt. Als Untersaat unter Hochstämmen ist der Steinrich besonders zu empfehlen, weil man beim Niederlegen der Kronen im Frühwinter keine Rücksicht zu nehmen braucht.

• Die Schleifenblume (*Iberis amara*: weiß; *Iberis umbellata*: weiß, violett, purpur) trägt walzenförmige Blütenstände von Juni bis August und wird 25 cm hoch. Aussaat von März bis Mai. Ein Rückschnitt der verblühten Blütenstände fördert die erneute Blüte.

• Eine wunderschöne Salbei-Art ist *Salvia patens*, deren 6 cm lange Blüten einzeln oder zu wenigen am Blütenstand stehen. Die intensiv ultramarinblauen ausgeprägten Rachenblüten fallen schnell ab, wirken aber besonders edel zu dunkelroten Rosen. Anstatt die Knollen im Herbst wie Dahlien zu überwintern, empfiehlt sich die erneute Aussaat im Februar unter Glas.

• Der Bundschopf (*Salvia horminum*), 60 cm hoch, ziert je nach Sorte mit blauvioletten, zartrosa oder weißlichen Hochblättern.

• Von den Eisenkräutern passen zu Rosen: *Verbena rigida*, fliederblau, 30 cm hoch; *Verbena canadensis*, purpurviolett, 40 cm hoch; *Verbena bonariensis*, fliederblau, 120 cm hoch.

• Unter den höheren Sommerblumen gibt es zwei Malvengewächse mit Fernwirkung: Bechermalve (*Lavatera trimestris*), rosa, weiß, und Trichtermalve (*Malope trifida*), rot, purpur, rosa, weiß, beide Juni bis Oktober, 80 bis 90 cm hoch.

• Das blaue Halskraut (*Trachelium caeruleum*) trägt blauviolette oder weiße, kleine Blütchen in flachen Doldentrauben von Juli bis September. Er gedeiht an sonnigen und halbschattigen Plätzen und wird 70 cm hoch.

Zweijahresblüher

Weder Staude noch Sommerblume und doch unverzichtbar für Rosengärten sind die Zweijahresblüher. Einige säen sich von selbst im Garten aus. Umpflanzen sollte man aber möglichst vermeiden.

• Der Fingerhut (*Digitalis purpurea*) läßt farblich reizvolle Kombinationen zu. Er wird bis 200 cm hoch.

Achtung: Giftpflanze!

• Die Königskerzen (*Verbascum*-Arten) lieben Sonne und Trockenheit, gedeihen aber auch auf jedem gut drainierten Gartenboden. Schöne Arten: *Verbascum leianthum*, sehr hoch und reich verzweigt; *Verbascum longifolium*, 120 cm hoch und weißfilzig;
Verbascum olympicum, weißfilzig, kandelaberartig, 150 cm hoch mit großen gelben Blüten.

• Der Silberling (*Lunaria annua*) hat fast kreisrunde Früchte mit einer silbrigen Scheidewand. Er blüht purpurlila, wird 120 cm hoch und versamt sich selbst.

• Der Silberblatt-Salbei (*Salvia argentea*) gehört zu den besonders schönen, aber noch wenig verbreiteten Salbei-Arten. Diese sind eigentlich Stauden, sterben aber nach der Blüte ab und sollten daher besser als »zweijährig« bezeichnet werden. Er bildet große, silberseidig behaarte, eirunde Blätter in Rosetten. Der Blütenstand ist verzweigt, 60 cm hoch und trägt im Juni und Juli weiße Blüten mit gelber Lippe.

• Der Muskateller-Salbei (*Salvia sclarea*) wächst ähnlich, trägt aber im Juni und Juli des zweiten Jahres einen reich verzweigten Blütenstand mit hell-lila Blüten über rosaroten Tragblättern. Er gedeiht in trockenen warmen Lagen hervorragend und sät sich selbst aus.

• Die Eselsdistel (*Onopordum bracteatum*) ist ein bizarr-dekorativer Korbblütler mit silbergrauem Laub. Die mit starken Dornen übersäten Blätter, der über 200 cm hohe Schaft und die rötlichen Distelblüten prägen diesen Blickfang. Am besten paßt die Pflanze als Solitär in naturnahe Gärten mit Strauchrosen. Sie samt sich selbst aus.

Mit Rosen GESTALTEN

Rosen und Stauden

Unerschöpflich sind die Möglichkeiten, mit Stauden und Rosen den Garten zu gestalten. Wegen unterschiedlicher Nährstoffansprüche jedoch Rosen und Stauden nicht mischen, sondern in Bändern oder Rechtecken versetzt nebeneinander pflanzen. So können Sie gezielt düngen.

Im folgenden wurden die Begleit-Stauden nicht nach Farben, sondern nach Struktureigenschaften ausgewählt (→ Tabelle, Seite 78 und 79).

Bodendeckende Stauden: Stauden, die eine zentrale Wurzel haben und sich nur oberirdisch auf dem Boden breitmachen, sind relativ ungefährlich für die Rosen, denn sie »mulchen« nur den Boden.

- Für Zwergrosen empfiehlt sich als Begleiter das großblumige Bergbohnenkraut (*Satureja montana* 'Coerulea'), das im August hellblau blüht und kaum seine niederliegenden Triebe bewurzelt.
- Als bedingt rosengefährlich sind einzustufen: Immergrün (*Vinca*), Schaumkerze (*Tiarella*), Ungarwurz (*Waldsteinia*), Rote Waldnessel und Goldnessel (*Lamium*), Lungenkraut (*Pulmonaria*), Braunelle (*Prunella*), Ziest (*Stachys*), einige Storchschnabel-Arten (*Geranium*), Thymian (*Thymus*), Seifenkraut (*Saponaria*) und Elfenblume (*Epimedium*). Sie kommen höchstens für Einfassungen in Frage.
- Pflanzen Sie nie Rosen zwischen Stachelnüßchen (*Acaena buchananii*)) oder Bleiwurz (*Ceratostigma plumbaginoides*). Der Wurzelfilz dieser Pflanzen erwürgt die Rosen.

Schleier- und Wolkenblüten sind zart und unaufdringlich, eignen sich also gut zur Untermalung von Rosenpflanzungen.

- Der Frauenmantel (*Alchemilla mollis*) wirkt kontrastreich zu roten Rosen. Gegenüber weißen Rosen betont er die eigene Farbe und zu gelben Sorten bildet er Ton-in-Ton-Nuancen.
- Das Schleierkraut (*Gypsophila paniculata*) suggeriert Schwerelosigkeit. Es braucht daher eine kräftige Farbe neben sich.
- Der hellila blühende Steinquendel (*Calamintha nepeta*) blüht von Juli bis zum Frost und verköstigt Bienen.
- Der Dost (*Origanum vulgare*) kann mit Ausnahme von Orangerot zu allen Rosenfarben gepflanzt werden. Seine Blüte (Juli bis September) läßt sich durch Rückschnitt verlängern.
- Die Dreiblattspiere (*Gillenia trifoliata*) gedeiht hervorragend im lichten Halbschatten hinter und zwischen Strauchrosen.
- Für die Herbstblüte eignen sich die Blütenwolken der Prärie-Astern (*Aster ericoides, Aster cordifolius, Aster laevis, Aster vimineus, Aster latifolius*).

Kerzen in allen Größen: Blütenkerzen nennt man schlanke, aufrecht stehende Blütenstände. Je stärker die Farbkontraste, umso geringer sollte die gepflanzte Menge sein. Wichtig: Fast alle Rittersporn-Sorten blühen ein zweites Mal im September, wenn die Pflanzen sofort nach der Blüte bis auf den Boden zurückgeschnitten werden.

Voll in ihrem Element – die Bodendecker-Rose 'Immensee'. Links daneben Blütenkerzen von *Acanthus* und *Salvia sclarea*.

gelben oder kräftig roten Rosen stehen. Ein Blickfang, aber nur für vollsonnige Lagen.

Blüten-Kugeln ziehen durch ihre markante Form den Blick auf sich, sind aber farblich fast nie dominierend. Sie sind sorgfältig zu plazieren. Schöne Blütenkugeln zur Rosenzeit bilden verschiedene Zierlauch-Arten und Kugeldisteln.

Trichter-Blüten sind ausdrucksstarke Blütenformen. Lilien sollte man deshalb nur als besondere Blickpunkte verwenden. In den Farben weiß und purpur, aber auch in gelb sind sie edle Rosenbegleiter. Malven blühen in den rosenärmeren Monaten.

Lockere Rispen und Dolden: In dieser Gruppe gibt es nur wenige Blickfänger wie den Federmohn oder Phlox. Die meisten dieser Pflanzen haben keine besonders strenge Blütenform und werden nicht so hoch, daß sie zum Blickfang werden. Viele können auch als Bodendecker oder mittelhohe Zwischenpflanzung zu Rosen aufgefaßt werden.

Sterne und Teller:

• Rauhblattastern (*Aster novae-angliae*) und Glattblattastern (*Aster novae-belgii*) sind gute Rosenbegleiter im Herbst.

• Als Sterne von besonderer Präzision bilden Edeldisteln (*Eryngium*-Arten) einen fast bizarren, ausdrucksstarken Kontrast zu Rosen.

Etagenblüher sind selten, aber Brandkraut (*Phlomis russeliana*) begleitet gelbe Rosen einzigartig schön in Hellgelb und Silber.

Achtung: Eisenhut und Rittersporn sind Giftpflanzen. Vermeiden Sie die Blätter zu berühren und tragen Sie Handschuhe (→ auch Wichtige Hinweise, Seite 159).

Glocken und Glöckchen:

• Die Glockenblumen (*Campanula*-Arten) mit ihren verschiedenen Blaustufungen oder an Blau angelehnten Farbtönen von Violett bis Rosa und Weiß sind wichtige Rosenbegleiter. Nutzt man im Randbereich die bodendeckenden Arten, kann man als Zwischenpflanzung die mittelhohen und hohen Arten wählen, letztere auch als Hintergrundstauden, weil sie die meisten Beetrosen überragen. Die frischgrünen Blätter sollten als Kontrast zum Rosenlaub eingeplant werden.

• 'Schellenbaum' heißt eine dekorative Sorte der Palmlilie (*Yucca filamentosa*). Sie kann mit ihrem hellen Gelb oder Rahmweiß sehr gut solitär zwischen

Mit Rosen GESTALTEN

Name	Farbe je nach Sorte	Blütezeit	Höhe in cm	Standort und Hinweise
1 Schleier- und Wolkenblüten				
Frauenmantel *Alchemilla mollis*	grüngelb	VI–VIII	30–50	vollsonnig bis halbschattig, feucht
Steinquendel *Calamintha nepeta*	weiß, zartlila	VII–IX	30–80	sonnig; Boden durchlässig, würziges Blatt
Riesenschleierkraut *Crambe cordifolia*	weiß	VI–VII	140–200	vollsonnig, warm; Boden nicht zu trocken, große Blätter
Dreiblattspiere *Gillenia trifoliata*	weiß mit rötlichem Kelch	VI–VII	100	sonnig bis halbschattig; Boden nicht zu schwer
Steppen-Schleierkraut *Gypsophila paniculata*	weiß	Vi–VIII	80–120	vollsonnig; Boden durchlässig
Strandflieder *Limonium latifolium*	hellviolett, dunkelblau	V–VII	50–80	vollsonnig; Boden durchlässig
2 Kerzen in allen Größen				
Blauer und gelber Eisenhut *Aconitum napellus u. a.*	dunkelblau, weiß	VI–VII	90–150	halbschattig, kühl, luftfeucht
Silberkerze *Cimicifuga simplex u. a.*	weiß, rahmweiß	IX–X	100–140	halbschattig bis schattig, für den Hintergrund
Rittersporn *Delphinium-Belladonna-*Hybriden	weiß, hellblau, azurblau, dunkelviolett	VI–VII VIII–IX	80–120	sonnig bis absonnig, kühl; Boden nährstoffreich
Steppenkerze *Eremurus-Arten*	weiß, gelb	VI–VII	150–250	sonnig; Boden durchlässig, nährstoffreich
Prachtscharte *Liatris spicata*	violettrosa, violett, weiß	VII–IX	40–90	sonnig; Boden durchlässig, nährstoffreich
Kerzen-Ehrenpreis *Veronica longifolia*	mittelblau, tiefblau, weiß	VII–VIII	50–120	sonnig, warm; Boden nährstoffreich, lehmig
3 Glocken und Glöckchen				
Riesenglockenblume *Campanula lactiflora*	milchig-blau, weiß, lilarosa,	VI–VII	50–150	lichter Schatten, kühl; Boden nährstoffreich
Waldglockenblume *Campanula latifolia*	blauviolett, weiß	VI–VII	80–100	licht- bis halbschattig, feucht
Knäuelglockenblume *Campanula glomerata*	dunkelviolett, reinweiß	VI–VIII	15–60	sonnig, warm, keine Staunässe
Ballonblume *Platycodon grandiflorus*	mittelblau, weiß, rosa, violettblau	VII–VIII	20–70	sonnig; Boden durchlässig, nährstoffreich
4 Blüten–Kugeln				
Zierlauch, Schnittlauch *Allium-Arten*	purpurviolett, lila, rosa	V–VIII	30–100	sonnig; guter Boden, mäßig trocken, durchlässig
Kugeldistel *Echinops-Arten*	blau	VII–IX	80–120	sonnig, warm, windgeschützt; Boden durchlässig,
Blauköpfchen *Jasione laevis*	blaulila	VII–VIII	20–40	vollsonnig; Boden kalkarm, nicht zu schwer

Name	Farbe je nach Sorte	Blütezeit	Höhe in cm	Standort und Hinweise
5 Trichter-Blüten				
Stockrose *Alcea rosea*	rosa, purpurrot, weiß, gelb	VI–IX	90–200	sonnig; Boden nährstoffreich, locker
Staudenmalve *Lavatera thuringiaca*	hellrosa	VII–IX	150	halbschattig
Madonnenlilie *Lilium candidum*	weiß	VI–VII	80–120	sonnig, warm, geschützt; Boden nährstoffreich
Königslilie *Lilium regale*	innen weiß, außen braunrosa	VII	60–150	sonnig, Wurzelbereich beschattet; nährstoffreich
Moschus-Malve u.a. *Malva moschata u.a.*	rosa, weiß	VI–IX	40–80	sonnig; Boden nicht zu feucht, versamt sich leicht
Präriemalve *Sidalcea*-Hybriden	rosa, rot, purpurrot, weiß	VI–IX	60–100	vollsonnig; Boden kalkarm und durchlässig
6 Lockere Rispen und Dolden				
Diptam *Dictamnus albus*	weiß, rosa	V–VII	60–100	sonnig bis halbschattig, warm
Federmohn *Macleaya cordata*	weiß	VII–VIII	200–300	Boden leicht, warm
Großer Staudenphlox *Phlox-Paniculata*-Hybriden	hellrosa, violett, weiß, rot, orange	VI–IX	60–80	vollsonnig, hohe Luftfeuchtigkeit; Boden nährstoffreich
Sommersalbei *Salvia nemorosa*	violettblau, mittelblau	V–VIII	40–80	sonnig, warm; Boden durchlässig, nährstoffreich
Gartensalbei *Salvia officinalis*	violettblau	VI–VII	30–60	sonnig, warm; Boden trocken, durchlässig, kalkhaltig
Helmkraut *Scutellaria incana u.a.*	bläulich-weiß	VII–X	40–60	halbschattig, warm
7 Sterne und Teller				
Schafgarbe *Achillea*-Hybriden	rosa, orange, karminrot	VI–VIII	30–80	vollsonnig, warm; für alle Gartenböden
Japan-Anemone *Anemone-Japonica*-Hybride	rosa, weiß	VIII–X	80–140	halbschattig, mäßig warm; Boden nährstoffreich
Ochsenauge *Buphthalmum salicifolium*	goldgelb	VI–IX	30–60	sonnig; Boden kalkhaltig
Großblütiges Mädchenauge *Coreopsis grandiflora*	gelb	VI–IX	60–90	sonnig, warm; Boden mäßig nährstoffreich
Nadelblättriges Mädchenauge *Coreopsis verticillata*	goldgelb	VI–IX	30–70	sonnig; Boden mäßig nährstoffreich, kein Sandboden
Edeldistel *Eryngium planum, E. alpinum*	tiefblau, silbrigviolett	VI–VII	50–90	sonnig, warm; Boden trocken, durchlässig
Blutstorchschnabel *Geranium sanguineum*	karminrot, weiß	V–VIII	10–50	sonnig bis halbschattig; Boden trocken
Staudenlein *Linum perenne, u.a.*	blau hellblau	V–VII	30–50	vollsonnig, warm; Boden durchlässig
Gefülltblühendes Seifenkraut *Saponaria officinalis*	rosa, weiß,	VI–IX	60–80	vollsonnig; Boden durchlässig

Mit Rosen GESTALTEN

Luxus mit Rosen

Viele Rosen besitzen die wundervolle Eigenschaft, herrlich zu duften. Im Orient waren Rosenwasser und Rosenöl beliebt als Schönheitsmittel und Massageöl. Die Römer badeten in Wasser mit Rosenblüten. Im Mittelalter diente die Rose als Heilmittel gegen allerlei Beschwerden.
Gewonnen wird das kostbare Rosenöl durch Destillation, Enfleurage, Auspressung und Extraktion. Europas Hauptanbaugebiete liegen in Bulgarien und Frankreich. Im Tal von Kazanlik in Bulgarien wird die Damaszener-Rose angebaut (*Rosa damascena* 'Trigintipetala'). Im Gebiet um Grasse in Südfrankreich blüht die Zentifolien-Rose (*Rosa centifolia*, die Hundertblättrige). Mindestens 3000 kg Blüten sind nötig, um 1 kg Rosenöl zu gewinnen. Rosenblüten dienen auch zur Herstellung von Seifen, Parfüms, Potpourris und Gaumenfreuden wie Konfitüre oder Bowle. Wer gerne selbst ausprobieren möchte, findet im folgenden einige Anregungen – alle natürlich nur für ungespritzte Rosen!

Rosenbowle

Dieses erfrischende Getränk krönt jedes Fest. Für acht Personen brauchen Sie 300 bis 400 g duftende Rosenblätter, die Sie mit 150 g Zucker bestreuen und mit 10 ml Orangenlikör beträufeln. 1 Stunde zugedeckt im Kühlschrank ziehen lassen. Danach mit 1 l trockenem Weißwein übergießen und wieder 1 Stunde kaltstellen. Durchsieben und kurz vor dem Servieren 1 Flasche eisgekühlten Sekt dazugießen. Als Dekoration frische Blütenblätter auf der Bowle schwimmen lassen.

Rosentee

Eine Handvoll getrocknete Rosenblätter mit 3/4 l Wasser überbrühen und 10 Minuten ziehen lassen. Heiß mit Honig gesüßt oder kalt mit Zitrone trinken. Rosentee beruhigt das Herz, stärkt Leber und Galle.

Rosenkonfitüre

Sie benötigen frische Blütenblätter von 20 gefüllten Rosenblüten, 1 kg Gelierzucker, 1 l Wasser und den Saft von 4 Zitronen. Rosenblätter in Wasser geben, Zitronensaft und Gelierzucker gut einrühren. Alles etwa 1/2 Stunde kochen lassen. In Gläser abfüllen.

Hagebutten auf dem Tisch

Auch die sehr vitaminreichen Früchte der Rosen lassen sich zu Tee, Marmelade, Paste und Wein verarbeiten und sind obendrein äußerst gesund – sofern sie nicht mit chemischen Spritzmitteln in Berührung gekommen sind.

Rosenpotpourri

100 g Rosenblütenblätter, 30 g Blüten der römischen Kamille, 30 g Orangenschalen, 30 g Lavendelblüten, 1 Zimtstange (möglichst gut zerkleinern), 10 Tropfen Rosenöl. Alle Zutaten behutsam miteinander vermengen. Anschließend in ein Schraubglas füllen und gut verschlossen 2 Wochen ruhen lassen. Danach in eine schöne Schale füllen. Das Potpourri verströmt einen angenehmen Duft. Zur Auffrischung einige Tropfen Rosenöl auf die Mischung geben.

Der Reiz des Besonderen – 'Landora', eigentlich eine gelbe Teehybride, kann im Herbst nach kalten Nächten mit Rosa überhaucht erscheinen. Solche Farbveränderung ist auch von 'Gloria Dei' und 'Schneewittchen' bekannt.

Ein Korb voller Rosen – ein Korb voller Duft.

Rosen

PORTRÄTS

Die schönsten und gesündesten Arten und Sorten

Soll es einfach und anmutig, klassisch oder üppig in Ihrem Garten blühen? Mit zarten Pastellfarben, kräftigen Tönen und berauschendem Duft verzaubern Rosen jeden Garten – ob klein oder groß. Sie haben die Wahl!

'Mme Isaac Pereire', die starkduftende Remontant-Rose blüht mehrmals mit großen intensivfarbenen Blüten. Sie schmücken sich hier mit violettem Storchschnabel, *Geranium ibericum*.

Rosen in PORTRÄTS

Die schönsten und gesündesten Rosen
In den folgenden Pflanzenporträts lernen Sie die beliebtesten und besten Rosen für große und kleine Gärten kennen, darunter die wichtigsten Rosen der Welt, besondere Empfehlungen des Autors und auch einige Züchtungen aus den neuen Bundesländern. Das vorgestellte Sortiment spiegelt die Vielfalt der Rose umfassend wider, um jedem gestalterischen Wunsch gerecht zu werden.

Was Sie alles finden
Um die Auswahl anschaulich und überschaubar zu machen, wurden die Rosen in gut verständliche Gruppen eingeteilt, die den oft unterschiedlichen Gruppierungen in den verschiedenen Rosen-Katalogen nahekommen.
In Bild und Text werden Ihnen die besten Empfehlungen des Autors vorgestellt. Diese Auswahl ist notgedrungen beschränkt. Weitere – oft nicht minder erwähnenswerte Sorten – finden Sie in Tabellen am Ende jeder Gruppe, jeweils mit den wichtigsten Angaben.
Wildrosen und ihre Hybriden → Seite 86 bis 93. Innerhalb dieser Gruppe empfiehlt sich eine Unterscheidung zwischen bei uns heimischen und außereuropäischen Arten, weil letztere oft an andere Klimabereiche angepaßt sind, die aber mindestens unseren ähneln.
Kletterrosen → Seite 94 bis 103. Für die innere Gliederung des Abschnitts ist der Wuchstyp maßgebend, denn Kletterrosen lassen sich in weichtriebige, meist kleinblumige Rambler und steiftriebige, meist etwas größerblumige Climber unterscheiden – dementsprechend unterschiedlich sind sie auch im Garten zu verwenden. In beiden Gruppen gibt es inzwischen einmal- und öfterblühende Sorten.
Strauchrosen → Seite 104 bis 123. Eine große Gruppe, die in moderne Sorten, Alte Rosen und Englische Rosen unterteilt ist. In jeder Abteilung gibt es einmal- und öfterblühende Züchtungen.
Bodendecker → Seite 124 bis 131. Hier finden Sie Rosen, die den Boden dicht bedecken und dadurch wenig Unkraut aufkommen lassen. Dazu zählen flachwachsende, kriechende Sorten, aber auch strauchhohe Züchtungen. Viele Rosenneulinge sind deshalb verwirrt, wenn sie eine Rose in einem Katalog als Strauchrose, in einem anderen als Bodendecker-Rose angeboten sehen. Diese höheren Bodendecker werden auch Böschungsrosen genannt und sind Strauchrosen, die eben auch als Bodendecker geeignet sind.
Beetrosen → Seite 132 bis 149. Die internationale Vereinigung der Rosengesellschaften auf der Welt hat den Vorschlag gemacht, die Beetrosen nach ihrer Blüte in »großblumige« und »büschelblütige« Rosen aufzuteilen, weil diese Kriterien sofort für jedermann verständlich sind. Zu den großblumigen Rosen zählen vor allem die Teehybriden, zu den büschelblütigen Sorten rechnet man Floribunda-Rosen, Polyantha-Rosen und deren Hybriden; sogar die Miniaturrosen wurden dort eingereiht, obwohl sie international separat geführt werden. Einordnungsprobleme gibt es bei Sorten, die sowohl großblumig als auch büschelblütig sind. Hier muß der Charakter einer solchen Rose den Ausschlag geben.
Im Text werden die alten Bezeichnungen »Teehybride« und »Floribunda-Rose« immer dann weiterbenutzt, wenn es um geschichtliche, zurückliegende Bezüge geht, weil es damals die neuen Begriffe noch nicht gab.
Kaskaden- und Hochstammrosen → Seite 150 bis 153. In dieser Gruppe finden Sie Sorten, die sich gut auf Hochstämme veredeln lassen. Nicht jede Rose ist dazu optimal geeignet. Werden Rambler-Rosen auf einen Stamm veredelt, so spricht man von Kaskadenrosen; früher hießen sie Hänge- oder Trauerrosen. Alle übrigen sind sogenannte Hochstämme. Die hier genannten Sorten können natürlich auch in ihrer Gruppe – auf den Wurzelhals veredelt – ohne Stamm verwendet werden.

Aufbau der Rosenporträts
Alle Rosenporträts sind klar und übersichtlich aufgebaut.
Der Name der Rose steht deutlich lesbar über der Beschreibung. Dabei kann es sich – je nach Rose – um den botanischen Artnamen oder um den Sortennamen handeln. Bei Wildrosen finden Sie dahinter in magerer Schrift den abgekürzten Namen des ersten Beschreibers der Art. Manche Rosen besitzen in anderen Ländern einen anderen Namen. Dann steht das Synonym oft in Klammern dahinter.
Frühere Einteilung, Züchter und Ersteinführung auf dem Markt werden jeweils unter dem Namen angegeben. Hier ist auch erwähnt, ob und wann eine Sorte das ADR-Prädikat (→ Seite 44) erhalten hat oder zur »Weltrose« gekürt wurde.
Die Beschreibung orientiert sich jeweils an den folgenden Stich-

worten: Knospe, Blüte, Wuchs, Laub und Verwendung. Zusätzliche Informationen zu Gesundheit, Duft, Stacheln, Frosthärte und so weiter finden Sie unter der abschließenden Rubrik »Mein Tip«.

Angaben und ihre Exaktheit

Alle Zahlenangaben sind als Mittelwerte aufzufassen und können im Einzelfall große Abweichungen aufweisen wie der Standort oder die Pflege.

- Der Blütendurchmesser ist immer durch das Symbol Ø beschrieben.
- Die Angabe der Wuchshöhe bezieht sich auf die durchschnittliche Höhe der Pflanze im zweiten Jahr, nur bei Kletterrosen im vierten Jahr. Da die Wuchshöhe sehr von der Bodenqualität abhängt, können hier besonders große Differenzen auftreten.

Alba-Rose 'Great Maiden's Blush' mit attraktiven Begleitern wie 'Veilchenblau' (hinten), mit panaschiertem Hartriegel (hinten links) und rotem Storchschnabel, *Geranium psilostemon* (vorne links).

Die Farbangaben sind subjektive Versuche, den Standard einer Rose zu beschreiben, auch sie können aus den verschiedensten Gründen variieren.

Die Duftangaben wollen einen Eindruck vom Duft der Pflanze geben. Intensität, Wahrnehmung und Beurteilung eines Duftes sind jedoch vom Standort der Rose, von der Tageszeit und dem Wetter wie auch vom Betrachter abhängig.

Porträts

WILDROSEN

Ohne Wildrosen keine Rosen! Sie sind die Urahnen aller Sorten, wachsen als Sträucher, können klettern und kriechen – aber sie blühen fast alle nur einmal im Jahr. Im Herbst schmücken sie sich zum Ausgleich mit wunderschönen Hagebutten.
Wildrosen stehen hoch im Kurs, denn immer mehr Menschen sehnen sich nach »Natur« in ihrem Garten. Sind es die einfachen, ungefüllten Blüten, sind es Zartheit, Form und Farbenfreude der fünf Blütenblätter und ihre zumeist wunderschönen Staubgefäße, die uns begeistern, die vielfältigen Hagebutten oder gar die wehrhaften, markanten Stacheln? Durch über tausendjährige Anpassung an den Standort hat jede Wildrosen-Art ihre harmonische Individualität erhalten. Die Vielfalt der Natur hat darüber hinaus auch ihren ökologischen Sinn, wenn man bedenkt, daß Wildrosen zur Lebensgrundlage zahlreicher Tiere beitragen.

Zum Umgang mit Wildrosen
Wildrosen werden wurzelecht, also durch Samen oder Steckling vermehrt oder veredelt auf einer fremden »Unterlage« angeboten. Veredlungen werden aber durch die andere, eigentlich fremde Wuchskraft der Unterlagenwurzel im Wuchs beeinflußt und verändert. Pflanzen Sie deshalb wurzelechte Wildrosen.

- Rosenfreunde und Naturschützer tun gut daran, sich für den Erhalt der selten gewordenen, heimischen Wildrosen an ihrem Naturstandort einzusetzen. In freier Landschaft wäre es am besten, Sämlinge mit ihrem variationsreichen Erbpotential zu pflanzen. Leider sind solche Anzuchten aus Kostengründen noch kaum auf dem Markt.
- Im Garten empfiehlt es sich, vom Fachmann eine stecklingsvermehrte Wildrose zu erstehen, deren Blüten und Größe arttypisch ausgesucht sind.
- Als Veredlungsunterlage selektierte, oft stachellose Wildrosentypen sind für naturnahe Pflanzungen ungeeignet.

Auf die Heimat kommt es an
Im folgenden Porträtteil werden bei uns heimische und außereuropäische Wildrosen vorgestellt.
Heimische Wildrosen sind von Natur aus völlig winterhart und gut angepaßt an unsere Boden- und Klimaverhältnisse – vorausgesetzt, man wählt den Standort nach ihren Lebensansprüchen aus. Sie benötigen weder das Wässern noch eine Schädlingsbekämpfung, die manche Arten nicht einmal vertragen.
Bei außereuropäischen Wildrosen gibt es Unterschiede in der Winterhärte und in ihren Ansprüchen an die Pflege. Ihre Hagebutten werden oft gut von den Vögeln angenommen.

Schwer einzuordnen sind die öfter vorkommenden Hybriden zwischen Wildrosen-Arten, die sehr schön sein können. Bei der Hybride unten sind wahrscheinlich *Rosa pimpinellifolia*, vielleicht auch *Rosa tomentosa* und *Rosa pendulina* beteiligt. Im Bild rechts: Die heimische Lederrose, *Rosa coriifolia*.

WILDROSEN

Rosa pendulina L.
(= Rosa alpina L.*)*
Alpen-Heckenrose.
Heimat: Gebirge Süd- und Mitteleuropas. Verwandte der *Rosa moyesii* aus China.
Knospen spitzoval. Blüten leuchtend rosarot bis purpurrot mit heller Mitte und auffallend gelben Staubgefäßen, 5 cm Ø, einzeln, von Ende Mai bis Juni blühend. Hagebutten langoval, flaschenförmig, dunkelrot, haltbar bis in den Winter. Wuchs aufrecht bis überhängend. In Gärten 150 cm hoch. Häufig Ausläufer. Triebe rotbraun, dünn und im Blütenbereich ohne Stacheln. Laub weich mit 7–9 Teilblättchen. Verwendung für Hecken und Zäune.
Mein Tip: Ist gut mit Kletterpflanzen wie *Clematis alpina* (Alpenwaldrebe) oder anderen lockeren Sträuchern kombinieren.

Rosa pimpinellifolia L.
Bibernellrose, Dünenrose.
Heimat: Auf Dünen der Nordseeinseln bildet sie bis 20 cm hohe Rosenteppiche. Im Mittelgebirge wird sie bis 100 cm hoch.
Knospen kugelig, klein, hellgelb. Blüten cremefarben, selten hellgelb. Mittelgroß, 5 cm Ø, tellerförmig mit 5 Blütenblättern, zahlreich, aber einzeln an Kurztrieben; feiner Wildrosenduft; sehr früh blühend (Mitte Mai). Hagebutten tief purpur- oder braunschwarz, anfangs mit Glanz; glatt, flachkugelig, nur mittelgroß; färben sich schon im Juli und werden nicht von den Vögeln angenommen. Wuchs sehr feintriebig, borstig, dicht bestachelt, im Garten aufrecht, sparrig, bis 120 cm hoch. Treibt Ausläufer. Laub sehr zierlich, 7–9 kreisrunde, oft graugrüne Teilblättchen, die im Herbst rot werden.

Rosa pendulina

Rosa pimpinellifolia var. altaica

Rosa glauca

Rosa rubiginosa

Verwendung für Deck- und Schutzpflanzungen, für Hecken, Gebüsche, Abhänge. Gedeiht wurzelecht auf ärmsten Böden.
Mein Tip: Wegen früher Vergreisung alle 6–7 Jahre radikal auf 10 cm über dem Boden zurückschneiden.

Rosa glauca Pourr.
(= *Rosa rubrifolia* Vill.)
Rotblättrige Rose, Hechtrose.
Heimat: Europäische Gebirge.
Knospen klein, zahlreich, meist einzeln. Blüten karminrosa; mit 3–4 cm Ø, ungleich strahlig, einmalblühend. Hagebutten kugelförmig, 1,5 cm Ø, rot mit abstehendem Kelch. Wuchs aufrecht, leicht überhängend, feinverästelt, bis 250 cm hoch. Zweige braunrot; wenige gerade oder hakenförmige Stacheln. Laub locker, braunrot bis bläulich bereift mit 5–7 Blättchen, unbehaart. Verwendung als Deck- und Füllstrauch für gemischte Hecken, Böschungen. In Gruppen, aber auch als Solitär reizvoll. Anspruchslos. Vogelschutzgehölz.

Rosa canina

Rosa gallica

Mein Tip: Rostanfällig. Bei Vergreisung Rückschnitt auf 10 cm über dem Boden, ausgenommen einjährige Basistriebe. Wächst auch noch im Halbschatten, blüht dort aber weniger.

Rosa canina L.
Hundsrose.
Heimat: Europa. Ackerränder.
Knospen eiförmig, spitz, rosa. Blüten zartrosa bis weiß; mittelgroß, 4–5 cm Ø, Schalen aus 5 Blütenblättern mit dichten, gelben Staubgefäßen, meist kurzstielig, einzeln oder mehrere im Büschel. Edler Wildrosenduft. Blütezeit in der Regel im Juni, kurz, aber sehr schön. Hagebutten orange bis scharlachrot, langoval, 2 cm, glatt und glänzend; werden oft erst nach längerem Frost weich und dann von Vögeln aufgepickt. Wuchs aufrecht, meist schirmartig, auch überhängend, über 300 cm hoch, mit hakigen Stacheln kletternd. Laub glatt, grün mit blau-grauem Schimmer, 5–7 Teilblättchen, unbehaart. Verwendung als Solitär, in Gruppen, als Heckenpflanze - auch mit anderen Gehölzen. Gutes Vogelschutzgehölz, keine Pflege. Verwandte Art: **Rosa rubiginosa** L. (= *Rosa eglanteria* L.), Weinrose oder Schottische Zaunrose; im Wuchs sehr ähnlich, aber nicht so hoch, dichter und stärker bewehrt; Blüte kleiner und intensiver rosa; Duft der Laubblätter nach frischen Äpfeln, auch bei vielen ihrer Hybriden.
Mein Tip: Etwas anfällig gegen Zikaden und Spinnmilben, aber fast kein Pilzbefall. Niemals schneiden, nur bei Vergreisung Radikalverjüngung bis 10 cm über dem Boden.

Rosa gallica L.
Essigrose.
Heimat: Süd- und Mitteleuropa, auch Kleinasien. Weinberge.
Knospen spitzkugelig, rosa. Blüten rosa bis hellrot, zur Mitte heller; groß, 7–8 cm Ø, 5 zarte Blütenblätter, duftend. Meist einzeln stehend. Blütezeit Anfang Juni bis Juli. Hagebutten kugelig, ziegelrot . Wuchs mit dünnen, bis 50 cm hohen Trieben; unterirdische Ausläufer, die zum Teil sehr weit kriechen. Stacheln nadelförmig, zahlreich. Laub groß, derb. Verwendung als Kleinstrauch oder Bodendecker auf trockenen Böden, auch im Halbschatten. Auch empfehlenswert: Aus dieser Art entstand die Apothekerrose, *Rosa gallica* 'Officinalis' (→ Seite 111).
Mein Tip: Anfällig für Mehltau. Viel Licht, aber mittags besser Halbschatten, da die Blütenblätter leicht verbrennen.

WILDROSEN

Rosa moyesii Hemsl. & Wils.
Heimat: Westchina.
Nachfolgend wird die schönste Gartenform beschrieben. Die Wildart ist größer, ihre Blüten sind meist etwas heller.
'Geranium' Wisley Gardens 1945.
Knospen rundlich, rot. Blüten dunkelscharlachrot; mittelgroß, 6 cm Ø, ungefüllte flache Schalenblüte, 5 breite Blütenblätter; auffallende, gelbe Staubgefäße, grünlich-gelber Narbenteller; Blüten einzeln oder zu mehreren entlang der Triebe, ohne Duft. Hagebutten flaschenförmig, groß; 8 cm lang, erst orange, dann leuchtend rot, mit einzelnen Borsten und schönen Kelchblättern. Wuchs geschlossener als die Wildart, 200–300 cm hoch. Gelbliche, fast paarweise angeordnete Stacheln. Laub mittelgrün, glänzend, mit 9–13 Fiederblättchen. Verwendung in Hecken oder als Solitär, Abstand 250 cm oder mehr. Auch empfehlenswert: 'Highdownensis', ein Zufallssämling von *Rosa moyesii.*
Mein Tip: Nicht schneiden!

Rosa moyesii 'Geranium'

Rosa roxburghii Tratt.
Kastanienrose.
Heimat: Japan und China.
Knospen mittelgroß, spitzoval. Blüten weiß oder zart hellrosa; 6 cm Ø, leicht duftend; Anfang Juni blühend. Hagebutten flachkugelig, 3 cm Ø, ganz stachelig, grün auch in der Reife, bald abfallend. Wuchs aufrecht, sparrig verzweigt; 250 cm hoch und breit. Rinde am zweijährigen und älteren Holz jährlich fein abblätternd, grau; Stacheln am Blattansatz paarig, frosthart. Laub ungewöhnlich lang, mit 9–15 elliptischen Fiederblättern kaum noch rosenähnlich. Schöne gelbbraune Herbstfärbung. Verwendung als Solitär. Auch empfehlenswert: Aus Kreuzung mit *Rosa rugosa* entstand *Rosa x micrugosa* Henkel mit orangeroten Hagebutten.

Rosa wichuraiana Crép.
Heimat: Japan, Korea, Ostchina.
Knospen klein, rund. Blüten weiß; 4 cm Ø, zu mehreren in kleinen Doldenrispen, leicht duftend, erst im Juli blühend. Hagebutten klein, oval. Wuchs stark, Triebe 300–500 cm lang und

Außereuropäische Arten

Rosa roxburghii

Rosa wichuraiana

sehr biegsam, daher oft kriechend, grün, mit hakenförmigen, dicken Stacheln. Laub klein, mit 7–9 dunkelgrünen, stark glänzenden, eirunden Fiederblättchen. Verwendung als halbimmergrüne Bodendeckerrose; am Boden liegende Triebe schlagen leicht Wurzeln. Auch empfehlenswert: 'Grandiflora' hat etwas größere Blüten und Blütenstände. *Rosa luciae* Franch & Rochebr., mit steiferem Wuchs und früherer Blüte.
Mein Tip: Luftiger Freistand und feuchter, schattiger Fuß schützt sie und ihre Sorten vor Mehltau.

Rosa rugosa Thunb.
Kartoffelrose.
Heimat: Nordostasien. Inzwischen auch in Europa eingebürgert.
Knospen oval, spitz. Blüten altrosa oder rosarot, auch reinweiß; groß, 9 cm Ø, schalenförmig, 5 Blütenblätter, einzeln oder in Büscheln auf kurzen, borstigen

Rosa rugosa

Rosa nutkana

Rosa multiflora

Stielen; kräftiger, sehr guter Duft. Blüht bis Mitte September laufend etwas nach. Hagebutten sehr groß, flachkugelig, glatt, orange bis ziegelrot. Wuchs aufrecht, straff, sehr dicht verzweigt, 180 cm hoch, sehr frosthart; dicht und borstig bestachelt. Laub 5–7 runzlige Fiederblätter mit ausgeprägten Blattnerven, dunkelgrün. Verwendung in der Stadt an Straßen, in Gärten, nicht in der freien Landschaft. Wegen der für Wildrosen ungewöhnlichen Nachblüte und der Früchte sehr beliebt. Einzeln und in Gruppen verwendbar. Inzwischen zahlreiche Sorten.

Mein Tip: Salzverträglich, aber äußerst empfindlich gegen pH-Werte über 6, dann Chloroseneigung. Allergisch gegen kalkhaltige Düngemittel, sonst sehr gesund. Kein Pflegeaufwand. Bei Vergreisung radikaler Rückschnitt auf 10 cm Höhe.

Rosa nutkana Pall.
Heimat: Westliches Nordamerika, Küstengebiete von Alaska bis Nordkalifornien.
Knospen mittelgroß, spitzoval. Blüten lilarosa; ziemlich groß, 6 cm Ø, schalenförmig, meist einzeln. Hagebutten kugelig, 2 cm Ø, glatt, leuchtend ziegelrot, glänzend, durchscheinend. Wuchs straff aufrecht, 200 cm hoch, Triebe dünn, dunkelbraun, meist borstig. Laub dunkelgrün, unten behaart, 5–9 Fiederblättchen. Verwendung für freiwachsende Hecken. Abstand 150 cm. Auch empfehlenswert: *Rosa yainacensis* und *Rosa nutkana* 'Cantab' mit größeren Blüten.

Rosa multiflora Thunb.
Vielblütige Rose.
Heimat: Japan und Korea.
Knospen klein, rund. Blüten weiß; klein, 2 cm Ø, zu vielen in großen Doldenrispen, duftend. Blütezeit Ende Juni. Hagebutten erbsengroß, 0,5 cm Ø, rundoval, rot, bei Vögeln sehr beliebt. Wuchs stark bogig überhängend, über 400 cm hoch, kletternd, bald dicht verzweigt, buschig; teils stachellos. Laub hellgrün, mit meist 9 Fiederblättchen. An der Blattbasis stehen bewimperte Nebenblätter. Verwendung meist als Hecke. Großer Platzanspruch, Abstand 300 cm. Auch empfehlenswert: *Rosa multiflora* 'Carnea', mit gefüllten, anfangs blaßrosa, später weißen Blüten.

WILDROSEN

Art und Sorte	Heimat	Blüte	Hagebutten	Höhe in cm	Bemerkungen
Europäische Wildrosen und Hybriden					
Rosa agrestis Savi.	S-, W-, M-Europa, N-Afrika	blaßrosa bis weiß, 3 cm Ø	oval, orangerot	200	Ackerrose.
Rosa arvensis Huds.	M-, S-Europa	weiß, 2–3 cm Ø	oval, 2 cm lang, hellrot	100–200	Feldrose, dünne Triebe, auch gern kletternd.
Rosa coriifolia Fries. = *Rosa caesia*	M-Europa, Kleinasien	rosa, 3–4 cm Ø	kugelig, Kelchblätter	150	Var. *froebelii* = Rosenunterlage 'Laxa'.
Rosa corymbifera Borkh.	Europa bis N-Afrika, Kleinasien	weiß-hellrosa, 3–4 cm Ø	oval, orange bis scharlachrot	250–300	Ähnlich wie *Rosa canina* L., aber Blättchen behaart.
Rosa majalis Herrm.	Europa bis Rußland	karminrot, 4 cm Ø	kugelig, 1 cm Ø, Kelchblätter	150–200	Mairose, Zimtrose.
Rosa micrantha Sm.	M-, S-Europa	rosaweiß, 2–3 cm Ø	klein, ohne Kelchblätter	100–180	Kleinblütige Rose, ähnlich *Rosa rubiginosa* L.
Rosa mollis Sm.	N-, W-Europa	dunkelrosa, 4–5 cm Ø	kugelig, früh reif, Kelchblätter	100	Ähnlich *Rosa villosa* L., kleiner.
Rosa rubiginosa L.	ganz Europa	hellrosa, 3–4 cm Ø	oval, Kelchblätter	200–300	Weinrose, Schottische Zaunrose, dichte Stacheln; gute Sorte: 'Magnifica'.
Rosa scabriuscula Sm.	W-, M-, O-Europa	hellrosa, 4 cm Ø	kugelig, Drüsenborsten, Kelchblätter	200–300	Kratzrose, ähnlich *Rosa tomentosa* Sm., aber mit kratzigen Trieben und Blättern.
Rosa sherardii Davies	Europa ohne Osten	dunkelrosa, 3 cm Ø	kreiselförmig, Kelchblätter haften lange	200	Wuchs dicht, kurzästig, Blättchen oben behaart, unten filzig.
Rosa tomentosa Sm.	Europa bis Kaukasus	hellrosa/weiß, 4 cm Ø	kugelig,1,5 cm Ø, rot, mit Stieldrüsen	200	Filzrose (wegen filzig behaarter Blätter), Samtrose.
Rosa x *macrantha* Desp.	Frankreich	zartrosa, bald reinweiß, 7cm Ø	kugelig, stumpfrot, 1,5 cm, kahl	150	Hybride. Auffallend schöne Staubgefäße.
Rosa x reversa (=Rosa rubella Sm.)	Züchter Waldstein & Kid 1820	rosa, früh, 1,5 cm Ø	oval, dunkelrot	150	Hybride. *Rosa pendulina x Rosa pimpinellifolia.* Triebe purpurfarben.
Rosa x ruga Lindl.	Züchtung Italien vor 1830	hellrosa 5 cm Ø, locker gefüllt, in großen Rispen	–	300	Hybride. Von Rosa arvensis abstammend.

Art und Sorte	Heimat	Blüte	Hagebutten	Höhe in cm	Bemerkungen

Außereuropäische Wildrosen und Hybriden

Art und Sorte	Heimat	Blüte	Hagebutten	Höhe in cm	Bemerkungen
Rosa ecae Aitchis.	Afghanistan, Turkestan	goldgelb, 1–2 cm Ø	klein, kugelig	130	Laub und Blüte ähnlich einer *Potentilla*. Einzige Sorte 'Golden Chersonese'.
Rosa foetida Herrm.	Kleinasien, Afghanistan	intensiv gelb, 4 cm Ø	kugelig, ziegelrot	150	Fuchsrose. Krankheitsanfällig, strenger Duft. 'Bicolor' außen gelb, innen rot: Kapuzinerrose.
Rosa hemisphaerica Herrm.	Türkei	schwefelgelb, 5–6 cm Ø	kugelig, dunkelrot	100–200	Gefülltblühend, sehr regenempfindlich, Rarität.
Rosa hugonis Hemsley	Mittelchina	hellgelb, sehr früh, 5 cm Ø	breitkugelig, schwarzrot	250	Dukatenrose. Dankbarer Frühblüher.
Rosa longicuspis Bertol.	W-China, Himalaya	cremeweiße Doldenrispen, spät, 2–3 cm Ø	eiförmig, orange	500	Starkwüchsige Kletterrose, glänzend grünes Laub. Etwas frostempfindlich.
Rosa oxyodon Boiss.	Ostkaukasus	dunkelrosa, 6 cm Ø	flaschenförmig, rot	200–300	Schöne Blüten und Früchte.
Rosa primula Bouleng.	Turkestan bis China	hellgelb, 3 cm Ø, früh	kugelig, scharlachrot	200	7–13 Teilblättchen, Solitärstrauch, oft früheste Rose.
Rosa setigera Michx.	N-Amerika	dunkelrosa 6 cm Ø , spät	kugelig, klein, braungrün	150–200	»Prärie-Rose«. Schöne Blüte.
Rosa setipoda Hemsl.& Wils.	M-China	rosa-purpurrosa, 5 cm Ø	flaschenförmig, lilarot	400–500	Große Stacheln, auffallend dicke Triebe.
Rosa stellata var. mirifica Cockerell	New Mexico	dunkelrosalila, 5 cm Ø nachblühend	kugelig, borstig, stumpf rot	90	Sacramento-Rose, auch »Stachelbeerrose« wegen ähnlicher Blattform.
Rosa virginiana Mill.	Östl. N-Amerika	hellrosa, spät, 4 cm Ø	flachkugelig, 1,5 cm Ø, rot	150–200	Glanzrose. Robuste Wildrose, auch Böschungsrose.
Rosa x *kordesii* Wulff.	Züchter W. Kordes 1942	rot bis hellrot, halbgefüllt, 8 cm Ø	eiförmig, spät reifend	250	Art-Hybride. Ausgangsart vieler Kletter-und Strauchrosen.
Rosa x *paulii* Rehd.	Züchtung vor 1903	weiß, 6–7 cm Ø	–	200–400	Hybride. Bodendecker sehr stark wachsend, bogig kriechend, (Syn. = *Rosa rugosa* 'Repens alba').
Rosa x *pteragonis* Krause	Züchtung 1938	hellgelb, 5 cm Ø	–	200	Hybride. 'Red Wing' sehr schöne verwandte Sorte.
Rosa x *richardii* Rehd.	Züchtung Äthopien 1897	silbrig hellrosa, 6–7 cm Ø, kelchförmig	–	70	= *Rosa sancta*, Heilige Rose. Hybride, vermutlich *Rosa gallica* x *Rosa phoenicea*.
Rosa x waitziana Tratt.	Züchtung 1874	dunkelrosa, 7 cm Ø	fallen grün ab	200	Hybride. *Aus Rosa canina x Rosa gallica*. Derbes Laub.
Rosa xanthina Lindl.	N-China, Korea	goldgelb, sehr früh, 5 cm Ø, halbgefüllt	–	150–300	Wildart ist *Rosa xanthina f. spontanea*. Daraus schöne Sorten wie 'Golden Wings'.

Porträts
KLETTERROSEN

Kletterrosen sind die großen Zauberer im Garten. Innerhalb weniger Jahre können sie die nüchternste Gartenecke in eine märchenhafte Dornröschen-Laube verwandeln.
Man unterscheidet diese Sorten
• nach dem Blütenstand. Die meisten blühen entweder in dichten Büscheln oder schmücken sich mit einzelnen großen Blüten und entsprechen damit entweder den büschelblütigen oder den großblumigen Beetrosen.
• nach der Häufigkeit der Blüte. Es gibt unter ihnen sowohl einmal- wie öfterblühende Sorten.
• nach der Wuchsart. Engländer trennen hier schon lange »Rambler« und »Climber«. An dieser Einteilung orientiert sich auch der folgende Porträtteil.

Rambler-Rosen
Darunter werden alle Kletterrosen zusammengefaßt, die dünne oder weiche, kriechende oder hängende Triebe besitzen. Alle Züchtungen gehen zurück auf Wildrosen mit Rambler-Eigenschaften wie *Rosa arvensis, Rosa multiflora, Rosa wichuraiana, Rosa moschata.* Diese Wildrosen überspinnen förmlich ihre Umgebung oder kriechen in feinästiges Gebüsch hinein, um es schließlich zu überdecken.
Allen Ramblern – auch den Sorten – ist (von wenigen Ausnahmen abgesehen) folgendes gemeinsam: Sie blühen nur einmal, in Büscheln und mit kleinen Blüten. Es gibt kaum kräftige Gelbtöne. Ihre Blätter sind klein bis mittelgroß. Sie sind ziemlich gesund und benötigen eine Stütze, um in die Höhe zu gelangen.

Climber-Rosen
Diese Rosen sind dick- und starktriebige, meist sparrige Spreizklimmer, die aufrecht wachsen und sich mit Hilfe von Stacheln einhaken, um weiter Höhe zu gewinnen. Sie können sich auch ohne Stützen zwei bis vier Meter hoch erheben.

Umgang mit Kletterrosen
• Pflanzen Sie Kletterrosen mit der Veredelungsstelle 5 bis 8 cm tief unter die Bodenoberfläche.
• Schützen Sie sie im Winter fachmännisch (→ Seite 39).
• Wie Sie Kletterrosen richtig schneiden, → Seite 43.
Sollte eine Kletterrose doch einmal starke Frostschäden davontragen, so hat sie sich spätestens nach drei Jahren wieder regeneriert.

Zwei Rambler im Vergleich. 'The Garland' (rechts) blüht halbgefüllt und duftend in langen, dichtbesetzten und wohlgeordneten Girlanden. Dahinter klettert 'Bobbie James' (links) in eine Robinie über 7 m hoch und hängt tief herab.

KLETTERROSEN

Sympathie
Kordes 1964, ADR-Rose 1966.
Knospen groß, rundoval. Blüten samtig dunkelrot; großblumig, 11 cm Ø, gut gefüllt; edelrosenähnlich, einzeln oder im Büschel; gut duftend. Sehr reichblühend, gut nachblühend bis zum Herbst. Haltbar und regenfest. Fast runde, rotorange Hagebutten, 2 cm Ø, von mäßigem Zierwert. Wuchs sehr stark, über 500 cm hoch, mit kräftigen, steifen Trieben, ausladend. Laub mittelgroß, sattgrün mit Glanz. Verwendung für Pergolen, Lauben, Wände, hohe Giebel und Balkone, Rosenbögen.
Mein Tip: Sternrußtau im Spätsommer häufig. Dem Verkahlen der unteren Partien kann durch abgestuften Rückschnitt der schwächsten einjährigen Basistriebe – auf 60, 90 und 130 cm Höhe – entgegengewirkt werden. Alternative: Schwachwüchsige blaue *Clematis*, Stauden oder Gräser davorpflanzen. Nicht als Kaskadenrose geeignet. Hat hohen Nährstoffbedarf.

Direktor Benschop
(= 'City of York')
Tantau 1945.
Knospen edel, mittelgroß, grünlich weiß. Blüten rahmweiß; mittelgroß mit 7 cm Ø, halbgefüllt, 15 Blütenblätter, mit gelben Staubfäden; zu 3–10 in Büscheln, guter Duft. Sehr reich-, aber nur einmal blühend. Haltbar. Zuweilen reichlich Hagebutten, 1,5 cm Ø, kugelig, gelborange, mäßiger Zierwert. Wuchs stark, 400–600 cm hoch. Laub dunkelgrün, glänzend, lederartig, mittelgroß. Verwendung für Spaliere, Wände, Rosenbögen, Pergolen, Säulen und andere Klettergerüste.

Sympathie

Mein Tip: Triebe etwas frostempfindlich; Winterschutz. Sie sind durch Anbinden gut zu leiten.

Compassion
Harkness 1971, ADR-Rose 1976.
Knospen groß, spitzkugelig, gelbrot. Blüten lachsorange und goldkupfrig bis silbrigrosa; edelrosenähnlich und großblumig, 10 bis 12 cm Ø, gut aber locker mit 25 Blütenblättern gefüllt; mit in-

Direktor Benschop

Compassion

tensivem, hervorragendem Duft. Blüht – mit Pausen – gut nach. Regenfest. Wuchs als Kletterrose nur auf gutem Boden ausreichend stark, 300 cm hoch. Breitbuschig, Triebe steif, doch unten kaum verkahlend. Laub groß, derb, lederig, dicht stehend, dunkelgrün, glänzend. Die Blätter passen sehr gut zum interessanten Farbenspiel der Blüten. Verwendung für Spaliere, Säulen, Hecken. Auch als großer Strauchrosen-Solitär verwendbar, dann über 250 cm Abstand.
Mein Tip: Gesund, aber friert gelegentlich zurück.

Flammentanz

Kordes 1955, ADR-Rose 1952.
Knospen dick, rund, schwarzrot. Blüten dunkel- bis blutrot; mittelgroß, 9 cm Ø. Sie sind locker gefüllt, mit 25 Blütenblättern und stehen in Büscheln. Wenig Duft. Nur einmalblühend, jedoch sehr reich. Die Blüte hält sehr lange und verblaut erst ganz zum

Flammentanz

Goldener Olymp

New Dawn

Schluß. Sie ist ziemlich regenfest und selbstreinigend. Die Hagebutten sind oval bis kugelig, über 2 cm Ø, von hohem Zierwert. Wuchs sehr steif, 400–500 cm hoch, trotzdem auch unten gut begrünt. Laub groß, lederig, mattgrün. Verwendung für Pergolen, Spaliere, Wände und Rosenbögen.
Mein Tip: Wohl mit Abstand die frosthärteste Kletterrose dieses Typs; auch für rauhe Lagen.

Goldener Olymp

Kordes 1984.
Knospen spitz-kegelförmig, groß, gelb-orange. Blüten goldgelb; groß, 9 cm Ø, mit 30 Blütenblättern dicht gefüllt. Blüten stehen zu mehreren; duftend. Öfterblühend bis zum Frost. Wuchs kräftig, buschig verzweigt, aufrecht, steif, 250 cm hoch. Laub mittelgroß, üppig, glänzend, tiefgrün. Verwendung für Bögen, Pergolen, kleinere Mauern, Säulen. Auch empfehlenswert: 'Goldstern' von Tantau 1966, eine inzwischen bewährte Sorte, die noch kräftiger wächst. Höhe 300 cm. Meist einzeln, edelrosenähnlich auf langen Stielen blüht 'Golden Showers' von Lammerts 1958, noch recht gesund.
Mein Tip: Auch als Strauchrose geeignet.

New Dawn

Somerset Nursery 1930.
Knospen spitzoval, zartrosa. Blüten zartrosa; 8 cm Ø; mit 20 Blütenblättern locker gefüllt. Edle, mittelgroße Blüten meist in Büscheln, mit feinem Duft. Blüht im Spätsommer in endständigen Büscheln an Langtrieben gut nach. Ziemlich regenfest, selbstreinigend. Wuchs stark, 400 cm hoch und weit bogig ausladend. Triebe mittelstark, elegant, unten zunächst steif. Laub klein mit rundlichen Blättchen, anfangs hellgrün, dann tiefgrün, glänzend. Verwendung als winterharte Rose für Wände, Pergolen, Spaliere, Bögen, Pyramiden, auch überhängend über Mauern.
Mein Tip: Gelegentlich Mehltau im Herbst, trotzdem eine unserer besten Kletterrosen. Erst nach der Nachblüte verblühte Dolden abschneiden. Gut als hohe Kaskadenrose. Weltbekannt.

KLETTERROSEN

Veilchenblau
J.C.Schmidt 1909.
Knospen klein und kugelig, tief purpurn. Blüten purpurviolett mit weißlichem Auge, später blauviolett; kleinblumig, 3 cm Ø, einfach oder halbgefüllt, sehr reichblütig in großen Doldenrispen, oft gut duftend. Einmalblühend, ziemlich früh. Wuchs sehr stark mit vielen hellgrünen, fast stachellosen Trieben, aufrechter Rambler-Typ, 500 cm hoch. Laub hellgrün, länglich, sehr gesund. Verwendung für Lauben, Pergolen, Bögen, Wände, Säulen, Bäume. Auch empfehlenswert: Fast zum Verwechseln ähnlich ist 'Donau', Prascac 1913. Blüten geringfügig größer, gut duftend. In der Farbe noch etwas intensiver, karminviolett, aber pomponartig dicht gefüllt ist 'Améthyste' von Nonin 1911, sonst ähnlich, aber etwas schwächer im Wuchs.
Mein Tip: 'Veilchenblau' ist ziemlich frosthart. Zusammen mit 'Madeleine Seltzer' pflanzen, die nur wenig früher mit der Blüte beginnt.

Kiftsgate
E.Murrel 1954.
Selektion oder Sport von *Rosa filipes.*
Knospen klein, rundlich. Blüten rahmweiß; klein, 3 cm Ø, in großen Rispen stehend; gut duftend. Spät- und besonders reichblühend, leider nur einmal. Mit herrlichen Büscheln von haltbaren, kleinen, ovalrunden, tief orangeroten Hagebutten im Herbst. Wuchs gewaltig, Triebe bis 600 cm im Jahr. Laub mittelgroß, frischgrün, stark glänzend bis in den Spätherbst. Verwendung zum Beranken großer alter Bäume (Kiefern), Mauern, Ruinen,

Veilchenblau

Kiftsgate

American Pillar

Madeleine Seltzer

Pergolen, Lauben. Auch empfehlenswert: *Rosa multiflora* 'Carnea', 'Paul's Himalayan Musk Rambler', 'Lykkefund', 'The Garland' (mit Hagebutten).
Mein Tip: Gilt als frostempfindlich, daher nur in milden Gebieten interessant.

American Pillar
Van Fleet 1902.
Knospen rundlich, meist in großen Büscheln. Blüten karminrosa mit weißem Auge; mittelgroß, 6 cm Ø; einfache, offene Schalenblüte mit gelben Staubfäden, in Doldenrispen auf kräftigen Stielen; kein Duft. Sehr reichblühend, aber nur einmal im Juni/Juli. Wuchs sehr stark, noch weichtriebig, Rambler-Typ, 300–500 cm hoch, bogig überhängend. Laub dunkelgrün, glänzend. Verwendung in kühleren, frischen Lagen nur im Freistand an Säulen, Bögen und Pergolen.
Mein Tip: Ziemlich anfällig für Mehltau. Nicht an Hauswände setzen, gut als breiter Solitär-Hochstamm (Kaskadenrose).

Rambling Rector

Maria Lisa

Madeleine Seltzer
Walter 1926.
Knospen rundlich, mittelgroß. Blüten zitronengelb bis weiß; mittelgroß, 8 cm Ø, mit 25 Blütenblättern gefüllt, in dichten Büscheln; reizvolle, gut sichtbare goldgelbe Staubgefäße; duftend. Früh- und einmalblühend. Wuchs mittelstark, aufrechter Ramblertyp, über 300 cm hoch; rote Triebe, fast stachellos. Laub bronzegrün, mittelgroß. Verwendung für Wände, Pergolen, Säulen, Bögen, Lauben.
Mein Tip: Sehr frosthart. Sehr schön zusammen mit 'Veilchenblau'.

Rambling Rector
England vor 1910
Knospen klein, rundlich. Blüten cremeweiß; klein, 3 cm Ø, halbgefüllt, Staubgefäße goldgelb; viele Einzelblüten in Dolden stehend; intensiver Duft. Einmalblühend. Wuchs dicht verzweigt, 400 cm hoch. Laub mittelgrün, mittelgroß, elegant. Verwendung für Rosenbögen, Spaliere und Pergolen; auch geeignet, um Büsche und Bäume zu beranken.

Maria Lisa
Brümmer 1925/Liebau 1936.
Knospen klein, rund. Blüten hellrot, innen weiß; klein, 1,5 bis 2,5 cm Ø, aber sehr vielblütig an Rispen; ungefüllt, einmalblühend, dafür sehr reich, wie eine hellrote *Rosa multiflora* wirkend; kein Duft. Blüte sehr haltbar. Kleine Hagebutten, 1 cm Ø, rot, dick birnenförmig. Wuchs Rambler-Typ, überhängend, stark, 300 cm hoch, stachellos. Laub klein, mittelgrün. Verwendung als Säule, für Wände, Pergolen, Rosenbögen, auch an Bäumen.
Mein Tip: Sehr geeignet als Kaskadenrose, wird aber ziemlich breit. Etwas frostempfindlich, nicht für rauhe Lagen zu empfehlen.

KLETTERROSEN

Super Excelsa
Hetzel 1986, ADR-Rose 1991.
Knospen klein, oval, rot. Blüten karminrosarot mit weißem Mittelstreifen, im Verblühen mit violettem Ton verblauend; 3 cm Ø, dicht pomponartig gefüllt, 25 Blütenblätter, die nach innen immer kleiner werden. Ziemlich dichte, vielblütige, kegelrispige Blütenstände; kein Duft. Blüht nach anfänglicher Pause gut nach; bedingt regenfest. Wuchs nur mäßig stark; dünne, weiche Rambler-Triebe, niederliegend, aufgebunden 150–250 cm hoch. Laub siebenfiedrig, klein, erst hellgrün, dann mittelgrün, glänzend. Verwendung nur für kleine Säulen und kleinere Wände, da die mehrmalige Blüte längere Jahrestriebe verhindert, sehr gut als Kaskadenrose und als Bodendecker. Auch empfehlenswert: 'Super Dorothy', rosa, und 'Hermann Schmidt', lila-karminrot. Beide mit wenig Mehltau.

Gruß an Zabern
Lambert 1904.
Knospen rund, mittelgroß, cremefarben. Blüten reinweiß mit wenig Cremetönung; mittelgroß, 6 cm Ø, gut rosettig gefüllt, 30 Blütenblätter, in dichten Büscheln; duftend. Blüht nur einmal, dafür überreich und sehr früh. Wuchs gut mittelstark, über 300 cm hoch; Rambler-Typ mit dichter Verzweigung. Laub klein, länglich ovale Fiederblätter, dunkelgrün. Verwendung für Lauben, Säulen, Zäune, Pergolen, kleine Wände und als Kaskadenrose.
Mein Tip: Ziemlich frosthart. Frühe Blüte bei der Verwendung beachten. Recht gesund, eleganter Wuchstyp.

Super Excelsa

Albéric Barbier
Barbier 1900.
Knospen mittelgroß, schlank, edel, gelb. Blüten erst gelblich, dann fast weiß mit cremefarbener Mitte; locker gefüllt, 8 cm Ø, sternförmig, edel; einzeln, seltener zu mehreren, gut duftend. Einmalblühend. Wuchs sehr stark, bis über 500 cm ausladend; stammt von *Rosa luciae* ab, Rambler-Typ mit relativ weichen Trieben, die jung zunächst rot gefärbt sind. Laub dunkelgrün mit auffallend starkem Glanz, sehr dekorativ, fast wintergrün. Verwendung für Säulen, Pergolen, Lauben, Bögen und Kaskadenrosen auf über 150 cm hohen Stämmen. Wegen der weichen Triebe versuchsweise auch für Böschungen oder als Bodendecker pflanzen. 140 cm Abstand.
Mein Tip: Da Mehltaugefahr besteht, nicht an heiße Wände pflanzen. Liebhaber schätzen die einzeln stehenden Blüten vor dem dunklen Laub und den kräftigen Wuchs.

Gruß an Zabern

Albéric Barbier

Albertine

Venusta Pendula

Bobbie James

Albertine
Wichuraiana-Hybride. Barbier 1921.
Knospen lachsfarben, spitzoval. Blüten pastellfarbenes Apricotrosa; mittelgroß, 8 cm Ø, locker gefüllt mit 20 Blütenblättern; einzeln oder zu mehreren im Büschel stehend; stark duftend. Einmal-, aber überaus reichblühend. Wuchs sehr kräftig, bis 400 cm Höhe, strauchig verzweigt. Laub dunkelgrün, matt. Verwendung für freistehende Spaliere, Säulen, Rosenbögen, Pergolen.
Mein Tip: Gegen Sternrußtau vorbeugend im Mai mit Hornspänen düngen, damit neue Triebe gesund durchtreiben. Nostalgische Sorte, nicht für rauhe Lagen. Schön für die Vase.

Venusta Pendula
Rosa arvensis-Hybride unbekannter Herkunft. Von W. Kordes 1928 wieder eingeführt.
Knospen klein, rundlich, zu mehreren in Dolden. Blüten zartrosa, später fast weiß; mit 4 cm Ø kleinblumig, locker halbgefüllt, 12 Blütenblätter; ohne Duft; überreich, aber nur einmalblühend. Einzelne kugelige Hagebutten. Wuchs sehr stark, bis 600 cm hoch, weiche, dünne, über- oder herabhängende Triebe, nicht verkahlend. Laub mittelgroß, rötlich grün, matt; etwas Herbstfärbung, gelb. Verwendung für Lauben und Pergolen.
Mein Tip: Die üppige Blüte und der elegante Wuchs machen diese Rose vielseitig einsetzbar, auch noch im Halbschatten.

Bobbie James
Sunningdale Nurseries 1961.
Knospen cremeweiß, klein, kugelig in großen Rispen. Blüten cremeweiß bis weiß; klein, 3 cm Ø, mit 5–8 Blütenblättern kaum gefüllt, schalenförmig flach; zarter Duft. Sehr reichblühend in großen Büscheln; einmalblühend. Eiförmige dunkelrote Hagebutten, bis zu 20 in lockeren Büscheln. Wuchs extrem kräftig, über 700 cm Höhe, wenige scharfe, hakenförmige Stacheln, aufrechter Rambler. Laub hell- bis mittelgrün, etwas glänzend. Verwendung für Bäume, Lauben, Pergolen, Wände.
Mein Tip: An Wuchskraft und Üppigkeit nicht zu überbieten, doch nicht für rauhe Lagen geeignet. Blüht auch noch im Halbschatten.
Hinweis: Weitere gute Kletterrosen –> Kaskadenrosen, Seite 152/153.

KLETTERROSEN

Sorte	Züchter/Jahr	Blüte	Höhe in cm	Bemerkung
Climber – Sorten mit starken Trieben				
Alexandre Girault	Barbier 1909	karminrosarot, 6 cm Ø, gefüllt, einmalblühend	400	Ziemlich robust, etwas Mehltau, stark wachsend.
Clair Matin	Meilland 1960	zartrosa,8 cm Ø, halbgefüllt, öfterblühend	bis 300	Duftend, sehr reichblühend, etwas Mehltau. Steife Triebe.
Dortmund	Kordes 1955	blutrot, weißes Auge, 10 cm Ø, ungefüllt, öfterblühend, in Büscheln	350	ADR-Rose 1954, Hagebuttenansatz verhindern. Etwas Duft.
Ilse Krohn Superior	Kordes 1957	weiß, 10 cm Ø, gefüllt, öfterblühend	300	Blüht gut nach.
Long John Silver	Horvarth 1934	weiß, 10 cm Ø, gefüllt, einmalblühend	400	Duftend. Schalenförmige Blüten in großen Büscheln.
Mme Grégoire Staechelin	Dot 1927	hellrot bis rosa, 11 cm Ø, gefüllt, einmalblühend	300–400	Sehr große, birnenförmige, orange Hagebutten mit hohem Zierwert.
Mme Sancy de Parabère	Bonnet 1874	pink-rosa, 12 cm Ø, gefüllt, einmalblühend	bis 400	Stachellose Triebe, sehr früh. Etwas Duft.
Morletti	Morlet 1883	magentarosa, 8 cm Ø, locker gefüllt, einmalblühend	300	Stachellos, kaum Duft, frosthart, reichblühend, Herbstfärbung.
Parade	Boerner/Jackson & Perkins 1953	tiefrosa, 9 cm Ø, halbgefüllt, öfterblühend	300–400	Duft, paßt in Form und Farbe sehr gut zu Alten Rosen.
Paul's Scarlet Climber	Paul 1915	rot, 8 cm Ø, halbgefüllt, einmalblühend	300–500	Auch als Strauchrose geeignet.
Rosenresli	Kordes 1982	dunkelrosa, 9 cm Ø, gefüllt, öfterblühend	200	ADR-Rose 1984, starker Duft, auch als Strauch.
Salita	Kordes 1987	orange, 10 cm Ø, gefüllt, öfterblühend	200	Reichblühend, auch als Strauch.
Schneewalzer	Tantau 1987	weiß, 11 cm Ø, gefüllt, öfterblühend	250	Langsam wachsend.
Schwarzer Samt	v.Teschendorf AG 1969	schwarzrot, 10 cm Ø, locker gefüllt, öfterblühend	250	Auch als Strauchrose geeignet.
Till Uhlenspiegel	Kordes 1950	rot mit weißer Mitte, 8 cm Ø, ungefüllt, einmalblühend	bis 300	Überhängende Zweige.
White Cockade	Cocker 1969	weiß, außen leicht rötlich, 9 cm Ø, gefüllt, öfterblühend	200	Reichblühend in Büscheln.
Zéphirine Drouhin	Bizot 1868	rosa mit weißer Mitte, 10 cm Ø, halbgefüllt, öfterblühend	bis 300	Bourbonrose, duftend, stachellos, etwas Mehltau.

Sorte	Züchter/Jahr	Blüte	Höhe in cm	Bemerkung

Rambler – Sorten mit weichen Trieben

Sorte	Züchter/Jahr	Blüte	Höhe in cm	Bemerkung
Apple Blossom	Burbank 1932	zartrosa, 4 cm Ø, ungefüllt, einmalblühend	500	Recht robust, sehr schön, reichblühend in großen Büscheln.
Blush Rambler	B.R.Cant 1903	hellrosa, 3 cm Ø, halbgefüllt, einmalblühend	300–400	Duftend, in großen Doldenrispen, reichblühend.
Bonfire	Turbat 1928	rot, 4 cm Ø, gefüllt, einmalblühend	bis 500	Nicht verwechseln mit Floribunda-Rose gleichen Namens.
Crimson Rambler	Turner 1893	hellrot, 3 cm Ø dicht gefüllt, einmalblühend	500–600	Reichblühend, im Spätsommer Mehltau.
Easlea's Golden Rambler	Easlea 1932	zitronengelb, 10 cm Ø, gefüllt, einmalblühend	400	Relativ steifer Wuchs, etwas Sternrußtau
François Juranville	Barbier 1906	lachsrosa, 10 cm Ø, locker gefüllt, einmalblühend	500–600	Süßer Duft. Wenig Mehltau.
Frl.Octavia Hesse	Hesse 1909	gelblich weiß, 6 cm Ø, gefüllt, einmalblühend	600	Duftend, Laub glänzend, anfällig gegen Mehltau und Sternrußtau.
Ghislaine de Féligonde	Turbat 1916	rosa bis elfenbein, 8 cm Ø, locker gefüllt, einmalblühend	200–300	Etwas anfällig.
Hermann Schmidt	Hetzel 1986	lila-karminrot, 3 cm Ø, dicht gefüllt, öfterblühend	300	Pomponartige Blüten, blüht recht gut nach.
Hiawatha	Walsh 1904	karminrot mit weißer Mitte, 5 cm Ø, halbgefüllt, einmalblühend	400	Spät blühend, etwas anfällig.
Kew Rambler	Kew 1912	lachsrosa, Mitte heller, 2,5 cm Ø, ungefüllt, einmalblühend	600	Stark wachsend, klettert gut in Bäume, große Blütenbüschel
Lykkefund	Olsen 1930	cremeweiß, 4 cm Ø, fast ungefüllt, einmalblühend	400-600	Klettert gut in Bäume, gesund, frosthart, große, duftende Rispen.
Paul Noël	Tanne 1913	aprikosenrosa, 7 cm Ø, gefüllt, öfterblühend	300	Etwas Duft, reichblühend, buschiger Wuchs, gesund.
Paul's Himalayan Musk	Paul um 1890	lilarosa-weiß, 3–4 cm Ø, locker gefüllt, öfterblühend	600	Nostalgischer, büschelblütiger Rambler von besonderer Zartheit.
Polstjärnan	Wasastjärna 1937	weiß, 6 cm Ø, fast ungefüllt, einmalblühend	über 500	Im Spätsommer etwas nachblühend, sehr winterhart.
Russeliana	um 1840	violettrot, 4 cm Ø, gefüllt, einmalblühend	bis 600	Sehr reichblühend.
Super Dorothy	Hetzel 1986	rosa, 3 cm Ø, gefüllt, öfterblühend	300	Pomponartige Blüten, wenig mehltauanfällig.
Tausendschön	Kiese/ J.C.Schmidt 1906	rosa, Mitte weiß, 4 cm Ø, dicht gefüllt, einmalblühend	300	Reichblühend, stachellos.

STRAUCHROSEN

Es gibt unter den Strauchrosen einfach- und gefülltblühende Sorten in allen Größen und Farben. Die wichtigste Unterteilung ist die in öfter- und einmalblühende, dementsprechend unterschiedlich ist auch der Schnitt (→ Praxis-Seite 42/43). Einmalblühende Strauchrosen werden gelegentlich noch Parkrosen genannt, obwohl sie auch für Gärten geeignet sind.

Moderne Strauchrosen
Von modernen Rosen spricht man, seit Teehybriden in die bereits bekannten Strauchrosen eingekreuzt wurden, also seit etwa 100 Jahren. Ihre schönsten Vertreter → Seite 106 bis 109.

Alte Rosen
Damaszener- und Gallica-Rosen → Seite 110/111. Sie sind fast alle einmalblühend und zählen zu den ältesten Rosen.
Portland- und Bourbon-Rosen blühen oft im Spätsommer etwas nach, → Seite 112/113.
Zentifolien-Rosen mit der Untergruppe Moosrosen, → Seite 114/115. Sie entstanden vermutlich um 1600 in den Niederlanden.
China- und Noisette-Rosen → Seite 116/117 besitzen Erbgut der Chinarosen, sind also öfterblühend.
Remontant-Rosen, Lambertiana-Rosen und Moschata-Hybriden → Seite 118/119. Sie blühen alle nach.
Die Remontant-Rosen entstanden unter Beteiligung vieler Rosengruppen: Portland- und Bourbon-Rosen, Noisette- und Teerosen, also öfterblühender Chinarosen. Dies erkennt man am robusten Wuchs und den kräftigen Farben. Die aus heutiger Sicht nur mäßige Nachblüte im Spätsommer nach einer längeren Blühpause erschien damals, zum Zeitpunkt ihrer Züchtung, als großer Fortschritt. Darauf geht auch ihr Name zurück: remontierend = öfterblühend. Genau genommen trifft dies aber erst für Teehybriden, Polyantha- und Floribunda-Rosen zu. Der Übergang von den Remontant-Rosen zu den modernen Teehybriden und Strauchrosen ist fließend.

Englische Rosen
→ Seite 120/121. Diese modernen Züchtungen des Engländers David Austin wollen den Charme Alter Rosen mit den Vorzügen moderner Sorten verbinden. Sie sind meist sanft pastellfarben, besitzen dichtgefüllte Blüten mit oft hinreißendem Duft. Bei alledem blühen viele von ihnen öfter und sind von guter Gesundheit.

Der Englischen Strauchrose 'Graham Thomas' des Züchters David Austin liegt hier ein Teppich aus Katzenminze, *Nepeta x fassenii*, zu Füßen.

STRAUCHROSEN

Dirigent
Tantau 1956, ADR-Rose 1958
Knospen rundoval, mittelgroß, dunkelrot. Blüten leuchtend blutrot; mittelgroß, 7 cm Ø; halbgefüllt mit etwa 15 bis 25 Blütenblättern, in großen Dolden wachsend; bis in den Spätherbst blühend; reinigt sich selbst. Wuchs breitbuschig, aufrecht, etwa 150–200 cm hoch und 100–120 cm breit. Laub groß, mittelgrün, leicht glänzend. Verwendung einzeln oder in kleinen Gruppen, freistehend oder in Staudenpflanzungen, auch als dauerblühende Hecke.
Mein Tip: Etwas anfällig für Sternrußtau.

Dirigent

Freisinger Morgenröte
Kordes 1988.
Knospen oval bis kegelförmig, kupfrig gelbrot. Blüten orange auf gelbem Grund; mittelgroß, 8 cm Ø, mit gelben Blütenblättern, zu mehreren in Dolden, duftend; sehr reichblühend bis zum Frost. Wuchs aufrecht breitbuschig, steif, gut verzweigt, 150 cm hoch. Laub mittel- bis dunkelgrün, lederig, robust. Verwendung in Einzelstellung oder in kleinen Gruppen, auch als Hecke gut geeignet.
Mein Tip: In manchen Jahren kommt Sternrußtau vor. Die bernsteinfarbene 'Westfalenpark' läßt sich durch ihre dezentere Farbe leichter kombinieren als 'Freisinger Morgenröte'.

Freisinger Morgenröte

Westerland
Kordes 1969, ADR-Rose 1974.
Knospen spitzoval, kupfrigrot mit gelb, bis zu 10 in lockeren Büscheln. Blüten bernsteingelb mit feurigem Orangerot, am Rand orange bis aprikosenfarben; großblumig, 10–12 cm Ø, locker gefüllt mit 20–25 etwas gewellten Blütenblättern. Angenehmer Duft. Früh- und reichblühend bis zum Frost. Orangefarbene Hagebutten mit Zierwert, flachkugelig, 1,5 cm Ø. Wuchs stark, fast breiter als hoch, 200 cm. Gut verzweigter, zunächst aufrechter, bald breitbuschig ausladender Strauch, der durch seine dicht stehenden, großen Blätter kompakt wirkt. Laub im Austrieb rötlich, dann tiefgrün, glänzend, lederig. Verwendung in Einzelstellung oder als Solitärgruppe sehr eindrucksvoll. Schönes, bernstein-oranges Farbenspiel, schwer mit andersfarbigen Pflanzen verträglich. Abstand 200 cm.

Mein Tip: Gesund, aber gelegentlich kommt Sternrußtau vor. Sommerschnitt empfehlenswerter als Hagebuttenschmuck.

Grandhotel
Mac Gredy 1972, ADR-Rose 1977.
Knospen dick, spitzoval, rot, oft in Büscheln. Blüten samtig scharlachrot, später blutrot; edelrosenähnlich, groß, 10 cm Ø, gefüllt, 25 Blütenblätter, kein Duft. Öfterblühend bis Oktober, wetterfest. Wuchs stark, über 200 cm, treibt gut nach bis zum Herbst, dadurch buschig, 150 cm breit. Laub groß, dicht; erst rötlich, dann dunkelgrün, stark glänzend. Verwendung in unserem Klima als wüchsige Strauchrose, sogar kletternd; solitär und in Gruppen; Abstand 200 cm.
Mein Tip: Verblühtes wegschneiden, um mehr Blüten anstatt Hagebutten zu erhalten.

Westerland

Grandhotel

Lichtkönigin Lucia

Fontaine

Lichtkönigin Lucia
Kordes 1966, ADR-Rose 1968.
Knospen groß, oval, edelrosenähnlich, zu mehreren, intensiv gelb. Blüten leuchtend hellgelb bis zitronengelb; groß, 8–10 cm Ø, gut gefüllt, 20–25 Blütenblätter, kurz gestielt. Rote Staubfäden bewirken goldgelben Schimmer in der Mitte. Etwas Duft. Reichblütig, früh beginnend und gut durchblühend bis zum Herbst. Blüten halten lange, zuletzt bei Sonne etwas heller. Wuchs stark, sehr straff aufrecht, fast kompakt; enger Blattabstand, 150 cm hoch. Laub groß, erst hell-, dann sattgrün, lederigrunzelig, glänzend. Verwendung als sehr gute Solitär- oder Gruppenrose auch für kleinere Gartenräume geeignet. Gut vor dunkelgrünen Gehölzen und mit Stauden. Abstand 120 cm.

Fontaine
(= 'Fountain')
Tantau 1970, ADR-Rose 1971.
Knospen spitz-oval, schlank, edelrosenähnlich, dunkelrot, einzeln oder zu wenigen zusammen. Blüten leuchtend samtig blutrot, gute Farbkonstanz. Sie können aber bei heißer Sonne verbrennen; großblumig, doch locker gefüllt, 10–12 cm Ø, 20 Blütenblätter. Reichblühend, haltbar und gut nachblühend bis zum Frost, regenfest. Wuchs kräftig, aufrecht, 150 cm hoch; ausreichend verzweigt, buschig. Laub groß, erst rötlich, dann dunkelgrün, matt, dicht. Verwendung als Solitär- oder Gruppenrose. Abstand 120 cm.
Mein Tip: Anfällig für Sternrußtau ab August. Auch als Schnittrose verwendbar.

STRAUCHROSEN

Schneewittchen
(= 'Iceberg', 'Fée des Neiges')
Kordes 1958, ADR-Rose 1960, Weltrose 1983.
Knospen lang und spitz, grünlich-weiß bis rosig-weiß. 3–7 sitzen in lockeren Büscheln beisammen. Blüten reinweiß, bei Kälte rosig; mittelgroß, 7–8 cm Ø, locker gefüllt, 25 Blütenblätter, schalenförmig mit offener Mitte, gelbe Staubfäden gut sichtbar. Guter Duft. Reich- und dauerblühend, mit starker Spätherbstblüte; regenfest, selbstreinigend. Wuchs mäßig, aufrecht, 120 cm hoch, oft bogig überhängend. Hellgrüne Triebe mit wenig Stacheln. Laub mittelgroß, Blättchen schlank mit deutlich ausgezogener Spitze, hell- bis mittelgrün, etwas glänzend. Verwendung als Gruppenrose, aber auch als Hecke, Solitär, ja sogar als höherwachsende Beetrose mit jährlich starkem Rückschnitt. Abstand 90 cm.
Mein Tip: Nicht sehr frosthart. Sternrußtau ab August möglich.

Centenaire de Lourdes
Delbard-Chabert 1958.
Knospen kegelförmig, hellrot, in lockeren Büscheln zu 5–10. Blüten intensivrosa, fast leuchtend hellrot zur Mitte hin; mittelgroß, 8–9 cm Ø, locker gefüllt, in der Mitte lange ballförmig geschlossen, 15–25 schwach gewellte Blütenblätter; leicht duftend. Reichblütig, mittelspät einsetzend, Dauerblüher bis zum Spätherbst. Hagebutten orange, 2 cm Ø, oval. Wuchs locker und gut verzweigt, mäßig überhängend; mehr breit als hoch; mittelstark, 100–150 cm hoch. Laub bis zum Herbst sehr gesund, glänzend mittelgrün. Verwendung als Solitär; paßt gut zu Sträuchern und Stauden. Abstand 130 cm.

Schneewittchen

Centenaire de Lourdes

Edenrose '85

Angela

Mein Tip: Ideal mit 'Schneewittchen', Rittersporn, Madonnenlilie zu kombinieren. Bleibt auch bei Trockenheit gesund. Auf Hagebuttenschmuck zugunsten besserer Nachblüte verzichten: Verblühte Dolden stets abschneiden. Eine Spitzensorte.

Edenrose '85
Meilland/Strobel 1986.
Knospen kugelig, groß. Blüten zartrosa, nach außen seidenartig zart verblassend, nach innen intensiv rosa werdend; großblumig, 12 cm Ø, sehr dicht gefüllt; die über 60 großen Blütenblätter sind regenfest. Die schweren Blüten nicken oft. Die zunächst kugelförmige Blütenmitte entwickelt sich üppig im Stil einer Zentifolienblüte; duftet kaum. Blüht sehr gut nach. Wuchs kräftig, durch schwere Blütenlast überhängend und breitbuschig, gut verzweigt und nachtreibend. Laub groß, dicht, kräftig, lederig, dunkelgrün, mit etwas Glanz. Verwendung als Solitär oder in

Erfurt

Nevada

Gruppen, auch zu Stauden oder am Zaun. Abstand 250 cm.
Mein Tip: Eingetrocknete Knospen nach Regen entfernen. Eine antik wirkende, aber vitale Rose.

Angela
Kordes 1984, ADR-Rose 1982.
Knospen zahlreich, kegelförmig, klein. Blüten intensiv rosa; mittelgroß, 6 cm Ø, halbgefüllt, 15 Blütenblätter, in Büscheln angeordnet, reichblühend bis zum Herbst, regenfest. Wuchs kräftig, aufrecht, gut verzweigt, etwas überhängend. Bildet große, runde geschlossene Büsche von 160 cm Höhe und 150 cm Breite. Laub mittelgroß, glänzend grün. Verwendung als Solitär, auch für Flächen oder Hecken, Abstand 100 cm. Auch empfehlenswert: 'Carola', Noack 1988.
Mein Tip: Nur im Herbst etwas Sternrußtau. Winterhart.

Erfurt
Kordes 1939.
Knospen oval, spitz, hellrot. Blüten in der Mitte gelblich-weiß, zum Rand hin allmählich karminrot, intensiv bei kühlem Wetter und Halbschatten, bei Sonne etwas heller. Staubbeutel gelb. Großblumig, 10–12 cm Ø, halbgefüllt bis einfach, schalenförmig. Reichblühend, sehr gut nachblühend bis zum Herbst, wenn Hagebuttenansatz frühzeitig entfernt wird. Hagebutten ohne Zierwert, orangerot, 2,5 cm Ø, rund. Wuchs kräftig, breitausladend und überhängend, 100 bis 150 cm hoch. Laub dunkelgrün, junger Austrieb dunkelrot. Gesundes Laub. Verwendung als Solitär vor Gehölzen, gut zu Stauden. Abstand 100 cm.

Nevada
P.Dot 1927.
Rosa moyesii-Hybride.
Knospen oval, spitz; rosa oder apricot. Blüten sahneweiß; sehr groß, 12 cm Ø, flach, einfach bis halbgefüllt mit 5–10 etwas gewellten Blütenblättern; schöne gelbe Staubgefäße; wenig Duft. Zwcimalblühend, erster Flor sehr früh und reich, zweiter Flor im August wesentlich schwächer. Selbstreinigend, keine Früchte. Wuchs in Etagen, sehr ausladend, erreicht gut 200 cm Höhe. Laub hellgrün, matt, schwach grau getönt. Verwendung als Frühblüher-Solitär Abstand 250 cm. Auch empfehlenswert: 'Marguerite Hilling', Hilling 1959. (= 'Pink Nevada'), Sport von 'Nevada'. Reinrosa Blüten.
Mein Tip: Beide Sorten zusammenpflanzen. Damit Blütenreichtum nicht nachläßt, alle 6–8 Jahre Radikal-Rückschnitt auf 10 cm über dem Boden.

STRAUCHROSEN

Madame Zoetmans
Damaszener-Rose. Marest 1830. Blüten zartrosa, zuletzt fast weiß mit schönem grünem Auge; groß, 10 cm Ø; 30 Blütenblätter, schalenförmig, zuweilen nach Zentifolien-Art geviertelt, meist zu mehreren in Büscheln, gut verteilt; sehr angenehmer Duft. Wuchs aufrecht, gut buschig verzweigt, gefällige Form, 120 cm hoch. Laub mittel- bis dunkelgrün, reichlich. Verwendung als Kleinstrauch-Solitär oder -Gruppe, für Hecken eher zu niedrig. Abstand 130 cm. Auch empfehlenswert: Die wenigen Damaszener-Gartensorten sind attraktiver als die zur Rosenölgewinnung benutzte, im Wuchs leicht auseinanderfallende *Rosa x damascena* 'Trigintipetala' oder 'Kasanlik' (Synonym). Interessant ist die *Rosa x damascena* 'Versicolor', auch als 'York and Lancaster'-Rose bekannt; unregelmäßig blaßrosa und weiß, zuweilen gefleckt, halbgefüllt; guter Duft.

Madame Zoetmans

Charles de Mills
Gallica-Strauchrose.
Unbekannte Herkunft.
Blüten dunkelpurpurrot bis violettrot, gelegentlich mit zart weißlichem, bogig ausgefranstem Blattrand; flache, mit über 40 Blütenblättern dicht gefüllte, geviertelte Blüte, 9 cm Ø; die äußeren Blütenblätter liegen in Kreisform; in der Mitte wird zuweilen ein grünes Auge sichtbar; herrlich duftend. einmalblühend. Wuchs ausgeprägt rundbuschig, mittelstark, 130 cm hoch, kompakt. Laub derb, dunkelgrün. Verwendung als mittelgroße Strauchrose für gute Böden, verträgt etwas Halbschatten. Abstand 160 cm, in der Hecke enger.

Mein Tip: Eine der besten Gallica-Rosen. Da die meisten Alten Rosen weiß und rosa sind, erfreuen sich die dunkleren Farbtöne vieler Gallica-Rosen besonderer Aufmerksamkeit.

Rosa gallica 'Versicolor'

Rosa gallica 'Officinalis'
Rote Rose von Lancaster, Apothekerrose, Provins-Rose.
In Frankreich im Jahre 1310 nachgewiesen.
Blüten hell karminrot; mittelgroß, 7 cm Ø, halbgefüllt, 13 Blütenblätter, schöne gelbe Staubbeutel im »Krönchen«; Blüten einzeln stehend oder zu wenigen zusammen; sehr gut duftend, reich-, aber nur einmalblühend. Kugelige rote Hagebutten, 1 cm Ø. Wuchs niedrig, 70 cm hoch; dichte, runde, überhängende Büsche. Laub derb, mittel- bis dunkelgrün, robust. Verwendung als Solitär oder Gruppe, sogar für

niedrige Hecken. Gut mit Stauden zusammen. Abstand 140 cm. Auch empfehlenswert: ***Rosa gallica* 'Versicolor',** auch 'Rosa Mundi' genannt, mit hellrosa und rot gestreiften Blüten.
Mein Tip: Pflegeleichte Kleinstrauchrose. Etwas Mehltau nach der Blüte. Eine der sichersten Alten Rosen auch für kleinere Gärten. Sehr gut zusammen mit ihrem Sport 'Versicolor'.

Charles de Mills

Rosa gallica 'Officinalis'

Celsiana

Rose de Resht

Celsiana
Damaszener-Rose. Vor 1750.
Blüten seidig zartrosa, in voller Sonne verblassend; groß, 9 cm Ø, sehr locker gefüllt, 20 Blütenblätter, gelbe Staubbeutel; zu mehreren in meist anmutig hängenden Büscheln; guter Duft. Wuchs rund-buschig bis aufrecht, locker überhängend, 130 cm hoch, gut verzweigt, schöne Form. Laub hellgrün mit grau, weich. Verwendung als Solitär oder Gruppe, in Hecken oder an Zäunen. Abstand 150 cm. Auch empfehlenswert: 'Madame Hardy', weiße dicht gefüllte Blüte.
Mein Tip: Lockere Blütenform, bringt Abwechslung in die Alten Rosen. Problemlose, schöne, gesunde Sorte aus dieser reizvollen Duftrosen-Gruppe.

Rose de Rescht
Damaszener- oder Portland-Rose mit großer Ähnlichkeit zur *Rosa gallica*. Vor 1880 in Persien kultiviert. Die Ungewißheit ihrer Abstammung, Zuordnung und Einführung in Europa gibt dieser Rose ein geheimnisvolles Flair.
Blüten hell purpurrot, nach lila verblühend, mit Schattierungen; klein, 5 cm Ø, mit über 30 Blütenblättern dicht rosettenförmig gefüllt; Blüten gut verteilt, zu mehreren an kurzen Stielen, knapp über dem dichten Laub, nacheinander aufblühend; stark duftend. Öfterblühend bis zum Herbst, nur kurze Blühpausen. Wuchs aufrecht verzweigt, kompakt, 90 cm hoch. Laub groß; derb-fülliges *Rosa-gallica*-Laub. Verwendung als Kleinstrauchrose solitär oder in Gruppen auch für niedrige heckenartige Einfassungen, mit Stauden. Abstand 100 cm.
Mein Tip: Winterharte Rose. Sternrußtau vorzugsweise an überalterten Zweigen. Eine der besten Anfängerrosen. Junge wüchsige Pflanzen blühen besser nach, darum nach 5–6 Jahren Verjüngungsschnitt ins alte Holz vornehmen. Guten Boden anbieten. Reiche Herbstblüte. Das Nachblühen ist bei Alten Rosen selten, aber hochwillkommen. Wächst gut auf eigener Wurzel.

STRAUCHROSEN

Madame Boll
Portland-Rose. Boll/Boyan 1859/60. Meist versehentlich als 'Comte de Chambord' im Handel. Dies ist jedoch eine andere, wohl recht ähnliche Sorte gewesen.
Blüten rosafarben, lila überhaucht; groß, 8 cm Ø, flach, mit über 40 Blütenblättern gut gefüllt, im Inneren geviertelt; Blüten meist zu mehreren auf aufrechten Stielen. Süßlicher Duft. Gut nachblühend. Wuchs aufrecht, buschig, 100 cm hoch. Laub hellgrün, groß, gut deckend. Verwendung als Solitär oder Dreiergruppe, auch in Begleitung von Stauden.
Mein Tip: Eine der besten nachblühenden Portland-Rosen, bildet niedrige, runde Büsche.

Madame Isaac Pereire
Bourbon-Rose. Garçon 1881.
Blüten karminrosarot mit Purpur; sehr groß, 12 cm Ø, mit über 40 Blütenblättern gefüllt, in üppigen engstehenden, kurzstieligen Büscheln. Die Blütenblätter rollen sich etwas eckig nach außen und legen einen kräftigen Blütenwirbel frei. Berauschender Duft. Relativ gut nachblühend. Wuchs kräftig aufrecht, über 200 cm hoch; Triebe kräftig, dick und mit vielen breiten Stacheln besetzt. Laub groß, rundlich, dunkelgrün. Verwendung als ausdrucksstarker Solitär, Abstand 260 cm. Auch als Kletterrose an Säulen oder niedrigen Wänden geeignet. Auch empfehlenswert: Ihr Sport 'Madame Ernst Calvat' mit lichtrosa Blüten, auch nachblühend.
Mein Tip: In extremen Wintern nicht ganz hart. Erinnert in Wuchstyp und Leuchtkraft der Farbe an kraftvolle Teehybriden.

Madame Boll

Zigeunerknabe
(= 'Gipsy Boy')
Bourbon-Rose. Geschwind/Lambert 1909.
Blüten dunkellila-purpurn bis samtig schwarz-violett mit goldgelben Staubgefäßen; mittelgroß, 7 cm Ø, mit 20 Blütenblättern halbgefüllt, rosettig, meist in Büscheln; wenig Duft; einmalblühend. Große, kugelige, leuchtend rote Hagebutten. Wuchs außerordentlich stark, rundbuschig, ziemlich gut verzweigt, Höhe über 250 cm. Triebe auffallend stark bewehrt. Strauch

Madame Isaac Pereire

Jacques Cartier

Zigeunerknabe

Charles Lawson

Madame Pierre Oger

kann etwas auseinanderfallen. Laub üppig, groß, mattgrün, derb. Verwendung als Solitär in größeren Gärten und Parks, auch als kleine Kletterrose möglich.
Mein Tip: Frosthart. Triebe notfalls anbinden. Hagebuttenschmuck.

Jacques Cartier
Portland-Rose. Moreau-Robert 1868.
Knospen mit langen, zuweilen gefiederten Kelchblättern. Blüten erst intensiv rosa, in der Sonne dann außen blasser; großblumig, 9 cm Ø, mit 30 locker übereinanderliegenden Blütenblättern gut gefüllt, geviertelt; in der Mitte sind die kleinen Blütenblätter zum »Damaszener-Knopf« fest nach innen gewendet. Diese Knopfbildung gibt es bei gut gefüllten Damaszener- und Portland-Rosen häufiger. Guter Duft. Nach Blühpause reiche Herbstblüte im August. Selbstreinigend bis auf den kleinen »Knopf«.
Wuchs aufrecht, über 100 cm hoch, im Winter nicht zurückschneiden, sondern nur durch gezieltes Auslichten die Form verbessern. Laub groß, hellgrün, sehr dicht, deckt Knospen fast zu. Verwendung als Solitär, Gruppe und für Hecken. Gut mit Staudennachbarn zu kombinieren. Problemlos zu pflegen. Abstand 150 cm.

Charles Lawson
Bourbon-Rose. Lawson 1853.
Knospen groß, rundoval. Blüten rosarot; groß, 10 cm Ø, mit über 30 Blütenblättern dicht gefüllt, nur einmalblühend, Blüten meist etwas hängend. Leicht duftend. Wuchs aufrecht und stark, aber auseinanderfallend. Bildet schöne, überhängende Blütenbüsche, wenn die aufrechten Triebe in der Mitte gestützt und zusammengehalten werden. 200 cm hoch. Laub frischgrün, groß und locker, Fiederblätter rundlich. Verwendung als Solitär, aber gut mit Stauden zum Verdecken der kahlen Strauchbasis, auch kletterrosenartig als Säule. Abstand 220 cm.
Mein Tip: Recht frosthart.

Madame Pierre Oger
Bourbon-Rose. Sport von 'Reine Victoria'. Oger/Verdier 1878.
Blüten lichtdurchflutet silbrigperlmuttrosa, zuweilen außen zartlila getuscht, bei kühler Witterung elfenbeinfarben; von ebenmäßig kugeliger Gestalt, mittelgroß, 7 cm Ø, anmutig, locker gefüllt, aber nie ganz offen, in Büscheln reichblühend; angenehm duftend. Zweiter Flor im Spätsommer; regenempfindlich. Wuchs mit relativ dünnen Trieben schlank, aufrecht und überhängend, braucht Stütze. Höhe 150 cm. Laub spitzblättrig, dunkelgrün. Verwendung des locker wachsenden Strauches in Hecken, wegen der reizvollen Blüten auch als Solitär. Abstand 180 cm, in Hecken enger. Leichter Schatten und etwas Durchzug bekommt der Rose gut. Auch empfehlenswert: 'Reine Victoria', tief altrosa bis hellrot, blüht besser nach.
Mein Tip: Leidet in extrem kalten Wintern, mehltau- und sternrußtauanfällig. Bei enger Heckenpflanzung anfälliger für Krankheiten. Guter Boden und luftiger Standort helfen.

STRAUCHROSEN

La Noblesse
Zentifolie. Pastorel/Souper et Notting 1857.
Blüten transparent rosa, in der Mitte dunkler; mittelgroß, 6 cm Ø, mit 40 Blütenblättern gefüllt, geviertelt, guter Duft. Sehr späte Blütezeit, sehr regenempfindlich. Wuchs rundbuschig, 150 cm hoch, kompakt. Laub dicht, mittelgrün, groß. Verwendung einzeln mit niedrigen Stauden oder in Gruppen.

Rosa x centifolia 'Muscosa'
(Echte) Moosrose. »Bemooster« Sport der *Rosa x centifolia*.
Erste Erwähnungen ab 1696.
Blüten rosa, innen intensiver, wie *Rosa x centifolia* oder deren 'Cristata'-Form. Sehr dicht und lange kuppelförmig geschlossen, 10 cm Ø, gefüllt, über 60 zarte Blütenblätter, regenempfindlich. Die Bildung von Mumien ist möglich. Mittellange Stiele, etwas hängend. Die Kelchblätter sind schon an der rundlichen Knospe so filigran »bemoost« wie bei keiner anderen der zahlreichen Moosrosen-Sorten. Diese feingeteilten Verästelungen beginnen am Stiel mit feinen Drüsenborsten, die zur Blüte hin immer größer werden. Der harzige Duft des Mooses verleiht dem schweren Zentifolienduft eine herbe Note. Wuchs nicht ganz so ausladend locker wie *Rosa x centifolia*, selten über 120 cm hoch. Laub wie bei anderen Zentifolien, groß, unterseits oder beiderseits fein behaart, etwas hängend. Verwendung als Strauchrosen-Solitär oder Gruppe; Abstand 180 cm. Auch empfehlenswert: **'Muscosa Alba'** mit weißer Blüte. *Rosa x centifolia* 'Andrewsii' ist ein »Rückfall« in eine einfache, rosa Wildrosenblüte mit 5 Blütenblättern und üppig ausgebildetem Moos an Stiel und Kelchblättern. Für Züchtung wichtig.
Mein Tip: Schönste und verbreitetste der Moosrosen mit unvergleichlichem Duft. Ungespritzte Blütenblätter eignen sich bestens für eine Rosenbowle.

La Noblesse

Rosa x centifolia 'Cristata'
'Chapeau de Napoléon'. Sonderform der Kohlrose oder der Provence-Rose. Zentifolie.
Sie hat runde Knospen, deren Kelchblätter teilweise an den Rändern mit dicht gefiederten Blattauswüchsen besetzt sind, der Krausen Petersilie ähnlich, ohne Drüsen; der Kelch ist glatt. Keine Moosrose. Die Auswüchse formen über der geschlossenen Knospe das Abbild eines »Dreispitz«, daher der Name »Napoleonshut« – besonders reizvoll bei der sich gerade öffnenden Knospe. Blüten silbrig reinrosa; groß, 10 cm Ø, als typische Zentifolie, also »Hundertblättrige Rose«, sehr dicht gefüllt, über 60 zarte Blütenblätter. Süß-herber

Muscosa alba

Cristata

Fantin Latour

Marie de Blois

Rosa x centifolia 'Major'

Zentifolienduft. Regenempfindlich. Wuchs aufrecht ausladend, wie fast alle Zentifolien leicht auseinanderfallend, bis 150 cm hoch. Laub groß; runde Fiederblätter von frischer, mittelgrüner Farbe, matt. Verwendung als Solitär, auch mit Stauden, die das lockere Wuchsbild überspielen; auch als Gruppe.

Fantin Latour
Der Zentifoliengruppe zugeschriebener Findling von unbekannter Herkunft.
Blüten zartrosa, im Inneren dunkler; sehr edle, kreisrunde, große Schalenblüte von 9 cm Ø, die becherförmig aufblüht und dann die dicht gefüllte, geviertelte Mitte freigibt; über 50 Blütenblätter. Wunderbarer Duft. Wuchs kräftig, locker verzweigt, rundbuschig, bis 150 cm hoch, wenig Stacheln. Laub tiefgrün, breit, glänzend. Verwendung als Solitär oder in kleinen Gruppen; als Hecke zu ausladend. Abstand 160 cm.
Mein Tip: Leichte nachmittägliche Beschattung durch lichtdurchlässiges Gehölz mildert das Verblassen in praller Sonne.

Marie de Blois
Moosrose. Robert 1852.
Blüten reinrosa, später lila überhaucht; sehr groß, 12 cm Ø, kugelförmig und mit 75 Blütenblättern dicht gefüllt; wunderschöne »Wickelung«; zu mehreren im Büschel; guter Duft. Wuchs etwas kräftiger als 'Muscosa', Höhe 150 cm; gut geformte Büsche. Triebe mit rötlichen Moos-Borsten. Laub groß, frischgrün. Verwendung wie alle Moosrosen. Abstand 180 cm.
Mein Tip: Es gibt viele verschiedenfarbige Moosrosen, von weiß bis dunkelviolettrot, doch die in Rosa sind am schönsten.

Rosa x centifolia 'Major'
(= 'Cabbage Rose'), identisch mit 'Rose des Peintres', Kohlrose, Provence-Rose.
18. Jahrhundert.
Blüten silberrosa; mittelgroß, 7 cm Ø; ballförmig, stark gefüllt; ausgezeichneter Wildrosenduft. Einmalblühend. Wuchs stark überhängend, bis 200 cm hoch. Laub mittelgrün, matt. Verwendung als Solitär, auch am Zaun oder in Gruppen. Auch empfehlenswert: 'Ballata', die »Salatrose« mit großen, blasig aufgedunsenen Laubblättern.
Mein Tip: *Rosa x centifolia* 'Major' ist auch als Schnittrose sehr attraktiv.

STRAUCHROSEN

William Allen Richardson
Noisette-Rose, Sport von Rêve d'Or. Ducher 1878.
Blüten bernsteinfarben bis apricot; mittelgroß, 6 cm Ø, mit 25 Blütenblättern gefüllt, gut duftend, reich- und nachblühend. Große, runde, rote Hagebutten. Wuchs sehr stark, steif, breite dichte Büsche bildend. 250 cm hoch. Laub groß, dunkelgrün. Verwendung als Kletterrose oder als ausladender Solitärstrauch. Abstand 350 cm.
Mein Tip: Etwas anfällig für Krankheiten, jedoch nicht so frostempfindlich wie man ihr nachsagt.

Hermosa
Chinarose. Marcheseau 1840.
Blüten zartes Lilarosa, transparent; kaum mittelgroß, 5 cm Ø, erst kugelig, später schalenförmig, mit 35 Blütenblättern gut, aber locker gefüllt, manchmal geviertelt; stets in Büscheln wachsend, zart duftend. Mit deutlichen Pausen gut nachblühend bis zum Herbst. Wuchs mittel, zierlich, dünntriebig, aufrecht, gut verzweigt, 90 cm hoch. Laub zierlich, bläulichgrün, reichlich. Verwendung in gemischten Rabatten, auch als Füller, in Ecken vor höheren Sträuchern oder als kleinere Gruppe. Als Einzelpflanze im Sommer etwas »durchsichtig«. Abstand 100 cm.
Auch empfehlenswert: Ihr kletternder Sport 'Setina' in gleicher Farbe.
Mein Tip: Mäßig anfällig und für eine Chinarose erstaunlich winterhart. Trotz Frosthärte Winterschutz empfehlenswert. Schnitt wie öfterblühende Strauchrosen.

William Allen Richardson

Hermosa

Old Blush

Stanwell Perpetual

Old Blush
(= 'Parsons Pink China')
Chinarose, Strauchrose. Aus China, seit 1713 in England kultiviert.
Blüten erst blaßrosa, dann nachdunkelnd; mittelgroß, 7 cm Ø, mit 20 Blütenblättern halbgefüllt, in großen Dolden blühend; wenig

Duft. Nach deutlichen Pausen etwas nachblühend. Wuchs mittelstark, überhängend, eher dünntriebig, Höhe 100 cm. Laub mittelgrün, mittelgroß, Fiederblätter spitzoval mit ausgezogener Spitze. Verwendung als Beet- und Strauchrose. Abstand 140 cm.
Auch empfehlenswert: Robuster und wirklich dauerblühend bis zum Herbst, aber nicht so anmutig ist 'Bengal Crimson'; sie ist rosarot und mit 5 Blütenblättern ungefüllt.
Mein Tip: Anfällig gegen Blattkrankheiten. Winterschutz ist zu empfehlen. Uralte Kulturrose von hoher Anmut, reizvolle Liebhaberpflanze.

Gloire de Dijon

Rosa chinensis 'Viridiflora'

Stanwell Perpetual
Pimpinellifolia- x Damaszener-Rose. Lee 1838.
Blüten helles Zartrosa bis Weiß; mittelgroß, 6 cm Ø; dicht gefüllt, sehr flach, mit »Damaszener-Knopf«, einzeln oder zu mehreren; guter Duft. Sehr reichblühend, Anfang Juni Vollblüte, aber fast niemals ohne wenigstens einzelne Blüten bis zum Frost. Wuchs mittelstark. Bildet schöne, dicht gedrungene Rundbüsche, 150 cm hoch und breit. Laub graugrün, mit 5–7 kleinen runden Fiederblättchen. Verwendung als Solitär im Heidegarten oder mit anderen Pimpinellifolia-Rosen. Auch als dichte, höhere Rabattenrose geeignet. Abstand 170 cm.
Mein Tip: Wohl die problemloseste Nostalgie-Rose für Anfänger. Auf Hochstamm eine reizende »Bubikopf-Rose«.

Gloire de Dijon
Noisette- oder Teerose. Kletterrose. Jacotot 1853.
Blüten hell orangegelb, außen rahmweiß, mit Orange und Rosa überhaucht; großblumig, 10 cm Ø, dicht mit 35 Blütenblättern gefüllt, geviertelte Wicklung, kurzstielig und früh blühend. Starker Duft. Manchmal etwas nickende Blüten. Blüht mit kurzen, standortbedingt auch längeren Pausen gut nach, bis zum Frost. Wuchs stark, bis 500 cm hoch. Laub mittelgroß, oft etwas spärlich. Verwendung für Wände, Säulen.
Mein Tip: Erstaunlich winterhart. Die einzige Teerose, die wegen ihrer Härte und Wüchsigkeit als nostalgisches Experiment empfohlen werden kann, obwohl anfällig gegen Sternrußtau und Rote Spinne. Auf leichten Sandböden problematisch. Sommerschnitt nach erster Blüte ausprobieren. Kräftig organisch düngen. Westlage scheint günstig zu sein.

Rosa chinensis 'Viridiflora'.
Grüne Rose.
Büschelblütige Rose. Seit 1833 (U.S.A.) bekannt.
Blüten mit sehr zahlreichen, völlig grünen, sehr schmalen Blütenblättern mit gesägtem Rand, die wegen ihrer Form und Farbe als Hochblätter (Brakteen) bezeichnet werden müssen; klein, 5 cm Ø; sehr lange haltbar und nach Violettbronze verblühend. Absolut steril. Blüten in größeren Büscheln, seltener einzeln. Wuchs buschig wie Floribunda-Rose, 60 cm hoch. Laub mittelgrün, spitz-ovale Fiederblätter. Verwendung als Kuriosität für Garten und Vase.
Mein Tip: Meist gesund, wird aber von Spinnmilben befallen.

STRAUCHROSEN

Mrs. John Laing
Remontant-Rose. Bennet 1887.
Blüten reinrosa; groß, 11 cm Ø, mit 35 Blütenblättern gut, aber locker gefüllt, zuerst ball-, dann schalenförmig; durch dicke Blütenblätter ziemlich regenfest und haltbar; meist in Büscheln von 3–5 Blüten. Starker, angenehmer Duft. Wuchs kräftig, breitbuschig, kann aber auseinanderfallen. Triebe dünn. Statt Stacheln nur Borsten. Laub frisch hellgrün, groß, dicht. Verwendung am besten in Einzelstellung. Fügt sich aber auch gut in Hecken und Rabatten ein. Abstand 150 cm.
Mein Tip: Hervorragende Remontant-Rose für Anfänger.

Ferdinand Pichard
Remontant-Rose, πTanne 1921.
Knospen groß, rundoval. Blüten rot bis scharlachrot und rosa gestreift auf weißem Grund; groß 11 cm Ø; mit 30 Blütenblättern gut gefüllt; meist 3–5 Blüten pro Stiel; stark duftend. Wuchs stark, 120 cm hoch. Laub dunkelgrün, anfangs hellgrün. Verwendung für Gruppen. Kombination mit anderen Pflanzen schwierig wegen der heiklen Farbe.
Mein Tip: Wer gestreifte Blumen besonders mag, wird an dieser Sorte seine Freude haben.

Roger Lambelin
Remontantrose. Vve. Schwartz 1890. Sport von 'Fisher and Holmes'.
Blüten intensiv karminpurpurn mit bräunlich violettem Grund, schmal weiß gesäumt und leicht gestreift; groß, 10 cm Ø, Rand fast nelkenartig gekraust, mit über 40 Blütenblättern dicht gefüllt; duftend; blüht nach. Wuchs kräftig, dicht verzweigt, 140 cm hoch. Laub groß, mittelgrün, matt, gut deckend. Verwendung am besten als Solitär oder in Gruppen mit anderen Alten Rosen. Abstand 150 cm. Auch empfehlenswert: Ähnlich dunkelviolettrot, aber nicht so gekraust ist 'Reine des Violettes', Miller Mallet 1869, mit mittelgroßen Blüten; fliederartig duftend; als Solitär oder in gemischten Rabatten gut geeignet.

Mrs. John Laing

Ferdinand Pichard

Heinrich Conrad Söth

Roger Lambelin

Penelope

Felicia

Heinrich Conrad Söth
Lambertiana-Rose, Lambert 1919.
Blüten leuchtend rosarot mit fast weißem Auge; klein, 2 cm Ø, einfach mit 5 Blütenblättern; zu vielen in kegelförmigen Rispen endständig wie Phlox auf kräftigen Trieben; gut duftend. Blüht gut nach; haltbar. Wuchs kräftig mit schlanken Trieben, die breitbuschig überhängen. Laub mittelgroß, dunkelgrün, glänzend. Verwendung als öfterblühende Strauchrose vorzugsweise in Gruppen oder gemischt in Rabatten, gut zu Stauden passend. Abstand 150 cm. Auch empfehlenswert: Die historisch interessante und zugleich schöne Sorte ist eine frühe Vorwegnahme von sehr ähnlichen Sorten wie zum Beispiel 'Mozart' (Lambert 1937), 'Ballerina' (Bentall 1937) und 'Robin Hood' (Pemberton 1927), die zu den Moschata-Hybriden zählen. Alle blühen reich nach. Sie sind noch heute hochaktuell und in ihren etwas unterschiedlichen Farbnuancen empfehlenswert.
Mein Tip: Bemerkenswert ist, daß diese kleinblütige Rose duftet.

Felicia
Moschata-Hybride, Strauchrose. Pemberton 1928.
Blüten pastellfarbenes Lachsrosa mit Schattierungen, später etwas blasser bis fast weiß; mittelgroß mit 9 cm Ø, locker gefüllt mit 30 Blütenblättern, flach; hervorragender Duft. Üppig und öfterblühend in endständigen Büscheln. Wuchs mittelstark, sehr dicht verzweigt, 150 cm hoch. Laub dicht, sattgrün, matt. Verwendung im Einzelstand oder als Gruppe in gemischten Pflanzungen. Abstand 180 cm. Auch empfehlenswert: 'Cornelia', 1925, lachsrosa mit Apricot, kleinblumig, halbgefüllt; 'Buff Beauty', Bentall 1939, bernsteinfarben bis apricot, dicht gefüllt, großblumig in Büscheln; **'Penelope'**, 1924, cremefarben mit rosa, im Verblühen fast weiß, halbgefüllt, 'Danaë', 1913, goldgelb bis creme, starkwachsend, 'Daybreak', 1918, gelb, 'Pax', 1918, reinweiß, halbgefüllt und 'Prosperity', 1919, mit cremeweißen, großen, gefüllten Blüten. Die Pastelltöne der Farben sind für diese Sorten typisch. Die Sorte 'Moonlight', 1913, hat nur mittelgroße, einfache, rahmweiße Blüten mit nur 5–10 Blütenblättern und schönen goldgelben Staubbeuteln. Fast alle Sorten sind zu Unrecht etwas in Vergessenheit geratene Gartenrosen des Züchters J. Pemberton. Nicht von Pemberton stammt die völlig problemlose Moschusrose 'Narrow Water' (Daisy Hill Nurseries 1883) mit halbgefüllten silbrig- bis lilarosa Schalenblüten, die angenehm duftet.
Mein Tip: 'Felicia' ist eine sehr blühwillige, erfreuliche Strauchrose ohne Probleme, für Anfänger und Fortgeschrittene. Die Strauchform läßt sich durch Schnitt nach Wunsch korrigieren und gut mit Sträuchern und Stauden verbinden.

STRAUCHROSEN

Wife of Bath
Austin 1969.
Blüten reinrosa, zur Mitte dunkler; groß mit 11 cm Ø, zuerst kugelförmig, mit 40 Blütenblättern dicht gefüllt, wie Alte Rosen gewickelt, herber Duft. Blüten stehen einzeln oder zu mehreren am vorjährigen Holz, aber auch am Nachtrieb, öfterblühend. Wuchs dicht, buschig, robust, 90 cm hoch. Laub mittelgrün, nicht sehr groß, grobnervig. Verwendung wie Alte Rosen oder Strauchrosen in Gruppen oder einzeln, auch in Kombination mit Stauden, Abstand 120 cm. Wegen ihrer geringen Wuchshöhe ist diese Strauchrose auch als Beetrose verwendbar.

The Prioress
Austin 1969.
Blüten zartrosa mit etwas Lachsfärbung; kugelig bis kelchförmig, mittelgroß mit 9 cm Ø, mit 20 Blütenblättern halbgefüllt, deutlich sichtbare Staubgefäße, öfterblühend; zarter Duft. Wuchs kräftig, 125 cm hoch. Laub mittelgrün, lederig. Verwendung für Gruppen und solitär. Abstand 140 cm.

The Miller
Austin 1970.
Blüten reinrosa, außen zartrosa, innen dunkler, transparent; gut mittelgroß, 9 cm Ø, zuerst becherförmig, dann flach, mit 25 Blütenblättern locker gefüllt, einzeln oder in Büscheln wachsend, nickend hängend, öfterblühend; guter Duft. Wuchs stark, 150–180 cm hoch. Laub tiefgrün. Verwendung für Hecken, Gruppen und solitär. Läßt sich gut mit Stauden kombinieren, Abstand 180 cm.
Mein Tip: Durch Rückschnitt bessere Blüte.

The Wife of Bath

The Prioress

The Miller

Chianti

Chianti
Austin 1967.
Blüten tief weinrot; mittelgroß, 8 cm Ø, mit 28 Blütenblättern gut halbgefüllt, kelchförmig; attraktive goldgelbe Staubgefäße; Blüten in Büscheln, einmalblühend; duftend. Wuchs stark, 150 cm hoch. Laub dunkelgrün, halbmatt. Verwendung solitär oder für Gruppen. Auch empfehlenswert: Ähnlich in der Farbe, aber mehr purpurrot und dicht gefüllt sind 'Vivid' und 'Fisherman's Friend', beide öfterblühend und leicht zu pflegen.

Lilian Austin

Constance Spry

Charles Austin

Lilian Austin
David Austin 1973.
Blüten kräftig lachsfarben, zur Mitte hin aprikosen- bis orangefarben; groß, 10–12 cm Ø, rosettenförmig; in Büscheln stehend; duftend. Öfterblühend. Wuchs verzweigt, bogig überhängend, 125 cm hoch. Laub mittelgroß, dunkelgrün, schwach glänzend. Verwendung als Solitär oder in Gruppen.
Mein Tip: Die pastellfarbenen Farbübergänge bei dieser und den meisten anderen Englischen Rosen sind etwas Neues für die Rosenverwendung im Garten. Ein Experiment lohnt sich.

Constance Spry
Austin/Sunningdale 1961.
Blüten reinrosa; sehr groß, 12 cm Ø, anfangs kugelförmig, mit 30 Blütenblättern gut gefüllt; Blüten an den Zweigen entlang aufgereiht, einmalblühend; süß duftend. Wuchs kräftig, 175–200 cm hoch, ziemlich stachelig. Laub üppig, mittelgroß, lederig, graugrün, im Austrieb rötlich. Verwendung für Gruppen oder solitär, auch für Säulen von 200 cm Höhe sehr schön. Gut zu Stauden passend. Auch empfehlenswert: 'Heritage', Austin 1984, reinrosa, am Rand heller, 8 cm Ø, dichtgefüllt und geviertelt; reichblühend bis zum Frost; duftend. Ausreichend regenfest. 120 cm hoch.
Mein Tip: Eine Rose, bei der man die nur einmalige Blüte ihrer Schönheit wegen gern in Kauf nimmt.

Charles Austin
Austin 1973.
Blüten hellorange mit Gelb; sehr groß mit 12 cm Ø, »altmodisch« geviertelt, mit 40 Blütenblättern stark gefüllt, becherförmig, reichblühend, einzelne Nachblüten; stark duftend. Wuchs stark, buschig, aufrecht, 150 cm hoch. Laub groß, lichtgrün, glänzend. Verwendung solitär oder in Gruppen, Abstand 160 cm.
Mein Tip: Die pastellgetönte Farbmischung vorsichtig mit Stauden von zartem Blau und Lila kombinieren.

STRAUCHROSEN

Sorten	Züchter/Jahr	Blüte	Höhe in cm	Bemerkung
Moderne Sorten				
Blossomtime	O'Neal/ Bosley 1951	dunkelrosa, 11 cm Ø, dicht gefüllt, öfterblühend	170	Herrlicher Duft; Nostalgierose, Problem: Regen, Mehltau, Sternrußtau.
Burghausen	Kordes 1991	blutrot, 8 cm Ø, locker gefüllt, öfterblühend	200	ADR-Rose 1989, dicktriebig.
Canary Bird	unbekannt	kanariengelb, 7 cm Ø, ungefüllt, einmalblühend	150	Hybride aus *Rosa hugonis* x *Rosa xanthina,* sehr früh; guter Duft.
Frühlingsgold	Kordes 1937	goldgelb, 10 cm Ø, ungefüllt, einmalblühend	250	Stammt von *Rosa pimpinellifolia* ab, sehr früh; etwas nachblühend.
Golden Wings	Shephard/ Bosley 1956	gelb, 11 cm Ø, ungefüllt, öfterblühend	150	Große orangerote Staubfäden.
Royal Show	Meilland 1983	dunkelrot, 8 cm Ø, locker gefüllt, öfterblühend	200	Gesund, auch als kleine Kletterrose.
Vogelpark Walsrode	Kordes 1988	hellrosa, 9 cm Ø, locker gefüllt, öfterblühend	150	ADR-Rose 1982; gesunder Dau erblüher, Blickfang.
Alte Rosen und historische Sorten				
Baron Girod de l'Ain	Reverchon 1897	violettrot, 8 cm Ø, dicht gefüllt, öfterblühend	120	Remontant-Rose. Gewellte Blütenblätter mit weißem Rand, duftend.
Bourbon Queen	Bréon/Mauget 1835	purpurrosa, 8 cm Ø, dicht gefüllt, einmalblühend	300	Bourbonrose. Starker Duft, reichblühend.
Fritz Nobis	Kordes 1940	weiß/rosa, 9 cm Ø, halbgefüllt, einmalblühend	200	Rubiginosa-Hybride. Starker Duft, reichblühend.
Général Jacqueminot	Roussel 1853	samtrot, 10 cm Ø, gefüllt, öfterblühend	120	Remontant-Rose. Stark duftend, buschig.
Général Kléber	Robert 1856	perlmuttrosa, 6 cm Ø, dicht gefüllt, einmalblühend	150	Moosrose. Gefälliger überhängender Wuchs, etwas Duft.
Hebe's Lip	Paul 1912	rahmweiß mit rosa Rand, 8 cm Ø, halbgefüllt, einmalblühend	150	Rubiginosa-Hybride. Moschus-Duft.
Königin von Dänemark	Booth 1816	karminrosa, 8 cm Ø, gefüllt, einmalblühend, geviertelt	130	*Rosa alba.* Regenunempfindlich, gesundes Laub, Duft.
La Reine Victoria	Schwartz 1872	seidigrosa, 10 cm Ø, gefüllt, öfterblühend	150	Bourbonrose. Liebt luftigen Standort und guten Boden.
Louise Odier	Margottin 1851	hell rosarot, 5 cm Ø, sehr dicht gefüllt, öfterblühend	160	Bourbonrose. Haltbare perfekt geformte Blüte, auch in der Vase haltbar
Maiden's Blush	15. Jahrhundert	zartrosa, 9 cm Ø, gefüllt, einmalblühend	200	*Rosa alba.* Duft, sehr lieblich, wenig anfällig.

Sorten	Züchter/Jahr	Blüte	Höhe in cm	Bemerkung
Malvina	Verdier 1841	hellrosa, 6 cm Ø, stark gefüllt, öfterblühend	100	Moosrose. Duftend, schönes Moos; groß, gesund. Ähnlich 'Salet'.
Mme Hardy	Hardy 1832	schneeweiß, 7 cm Ø, gefüllt, einmalblühend	150	*Rosa* x *damascena.* Reich blühend, fein duftend, grünes Auge, gesund.
Mme Plantier	Plantier 1835	cremefarben, dann weiß, 7 cm Ø, stark gefüllt, einmalblühend	170	*Rosa alba.* Pflegeleicht und winterhart, fast stachellos, gut zum Beranken.
Parfume de l'Haÿ	Gravereaux 1901	purpurrot, 8 cm Ø, gefüllt, öfterblühend	150	Rugosa-Hybride. Hängende Blüten, duftend, Nachblüte gering.
Parvifolia (Rose de Meaux)		dunkelrosa, 3 cm Ø, gefüllt, einmalblühend	50	Klein-Zentifolie. »Burgunderröschen«, früh, für kleine Gärten.
Pink Grootendorst	Grootendorst 1923	weiches Rosa, 4 cm Ø, gefüllt, einmalblühend	120	Rugosa-Hybride. Nelkenrose, Sport von 'F.J.Grootendorst' (rot).
Schneezwerg	Lambert 1912	weiß, 4 cm Ø, halbgefüllt, öfterblühend	150	Rugosa-Hybride. Gelbe Staubgefäße, im Herbst Blüten und Früchte gleichzeitig.
Semiplena	13. Jahrhundert	weiß, 7 cm Ø, halbgefüllt, einmalblühend	200	*Rosa alba.* Weiße Bauernrose, lange Blütezeit, Duft, rostanfällig.
Souvenir de la Malmaison	Béluze 1843	rahmweiß, 10 cm Ø, gefüllt, öfterblühend	60	Bourbonrose. Geviertelt, stark duftend, für den kleinen Garten.
Tuscany Superb	vor 1845	dunkelrot, 10 cm Ø, gefüllt, einmalblühend	150	*Rosa gallica.* Bräunliche Schattierungen mit samtigen Tupfen.
Ulrich Brunner Fils	A. Levet 1882	kirschrot, 9 cm Ø, gefüllt, öfterblühend	90	Remontant-Rose. Guter Duft, gesund, auch für Anfänger.

Englische Rosen

Abraham Darby	Austin 1985	aprikosengelb mit Rosa, 10 cm Ø, gefüllt, öfterblühend	150–210	Starker Duft, sehr gesund.
Chaucer	Austin 1970	zart dunkelrosa, 12 cm Ø, gefüllt, öfterblühend	100	Ähnlichkeit mit Gallica-Rosen, herb duftend.
Glastonbury	Austin 1974	dunkelrot, 10 cm Ø, gefüllt, öfterblühend	150	Gelbe Staubgefäße, starker Zentifolienduft.
Graham Thomas	Austin 1983	bernsteinfarben, 8 cm Ø, gefüllt, öfterblühend	150	Kräftiger, aufrechter Wuchs.
Heritage	Austin 1984	reinrosa, 8 cm Ø, dicht gefüllt, öfterblühend	120	Reichblühend, ausreichend regenfest.

Porträts
BODENDECKER

Diese Rosen sollen den Boden so dicht bedecken, daß Unkräuter gar nicht erst aufkommen können. Das müssen nicht nur bodenanliegende, kriechende Sorten sein. Es werden auch verschieden hohe Rosen darunter zusammengefaßt, sofern ihr Laub nur dicht genug ist, dem Unkraut das Licht wegzunehmen.

Ein Blick zurück
Schon um die Jahrhundertwende, also lange ehe man sie »Bodendecker-Rosen« nannte, ließ man dünntriebige, kriechende Kletterrosen den Boden überspinnen, um herrlich blühende Böschungen zu erzielen.
Mitte der 70er Jahre probierte man auf öffentlichen Grünflächen blühende Rosen als »fröhliche Bodendecker« aus. Mit niederliegenden, weichtriebigen Kletterrosen wie 'Max Graf' oder besonders breitwachsenden, dicht verzweigten Strauchrosen wie *Rosa rugosa* 'Dagmar Hastrup' hatte man Erfolg. Unempfindlich, pflegeleicht und öfterblühend sollten diese Rosen sein.
Die Züchtung schuf nun auch höherwachsende Sorten, die als Strauchrosen das Sortiment bereichern, wie 'Smarty', 'Snow Ballet' und 'The Fairy'.
Neuerdings züchtet man auch aus büschelblütigen Beet- und Strauchrosen öfterblühende Bodendecker-Rosen.

Umgang mit Bodendeckern
Viele dieser Rosen sind anmutige, reichblühende Kleinstrauchrosen und sehr gesund. Als Partner von Gehölzen und Stauden sind sie zu einer der wichtigsten Rosenklassen für kleinere Gärten geworden. Darüber hinaus werden sie nach ihren Wuchsformen sehr unterschiedlich verwendet.
- Sie können niederliegende Bodendecker-Rosen über Mauern oder begleitend neben Treppen herabrieseln lassen.
- Bodendecker sind dankbare Rosen für naturhafte Vorgärten.
- Es gibt inzwischen viele öfterblühende Sorten, die sich wie Strauchrosen verwenden lassen.

Einteilung der Wuchsformen: Baumschulen konnten sich bisher noch nicht auf eine einheitliche Systematik einigen. Ich begnüge mich hier mit vier Gruppen:
1. flach niederliegend;
2. steif, breit-aufrecht;
3. breitbuschig;
4. bogig-überhängend, aufrecht.

Auf diese Wuchstypen nehmen auch die folgenden Sorten-Beschreibungen Bezug.

Die Bodendecker-Rose 'Fairy Red' ist eine der vielen Töchter von 'The Fairy'. Hier zusammen mit der Bergaster *Aster amellus* 'Dr. Otto Petschek'.

BODENDECKER

Palmengarten Frankfurt
Strauchrose/Bodendecker-Rose. Kordes 1988, ADR-Rose 1992.
Knospen sehr klein, rund mit kleiner Spitze, an vielblütigen Doldenrispen. Blüten intensiv dunkel karminrosa, fast hellrot; mittelgroß, 6 cm Ø, locker gefüllt 16 Blütenblätter; wenig Duft; sehr reichblühend, selbstreinigend. Wuchs breit ausladend bis überhängend, nur bis 90 cm hoch. Treibt gut nach. Wuchstyp 3–4. Laub frisch mittelgrün mit Hochglanz. Guter Blütenhintergrund. Verwendung als Bodendecker, auch einzeln oder mit Stauden, Abstand 110 cm oder 1 Pflanze je qm.
Mein Tip: Sehr gesund, pflegeleicht und attraktiv.

Heidekönigin
Kletterrose/Bodendecker-Rose. Kordes 1985.
Knospen klein, kugelig, an endständigen Dolden. Blüten reinrosa mit Farbspiel in der Sonne; 6 cm Ø, 20 transparente Blütenblätter, locker, aber gut gefüllt, rund. Etwas Duft. Sehr späte Blütenentfaltung; haltbar, auch bei Regen; einmalblühend, selbstreinigend. Wuchs wie weichtriebige Kletterrose (Rambler-Typ), Triebe über 300 cm lang, flach am Boden liegend. Wuchstyp 1. Laub klein bis mittelgroß, dicht, frischgrün, glänzend. Verwendung für Böschungen; Abstand 120 cm oder 1 Pflanze je 1,5 qm; als Kletterrose an Pergolen; auch als Kaskadenrose. Auch empfehlenswert: 'Immensee' und 'Repandia', leuchtendrosa (ADR-Rose), beide auch in Weiß. Im Wuchs ähnlich.
Mein Tip: Sehr gesund. Die späte Blüte fällt in die Blühpause vieler Rosen.

Palmengarten Frankfurt

The Fairy
Polyantha/Bodendecker-Rose. Bentall 1932.
Knospen klein, rundlich, rosa. Blüten hellrosa, an großen vielblütigen, kegelförmigen Blütenrispen, die erst ab Ende Juni aufblühen; voll erblüht leicht verblassend; 2–2,5 cm Ø, dicht pomponartig gefüllt, 30 rosettig angeordnete Blütenblätter; wenig Duft. Nicht ganz regenfest, nicht selbstreinigend, aber reich nachblühend bis zum Frost. Wuchs mittelstark, mit weichen, ausladenden oder überhängenden, hellgrünen Trieben; sehr dicht verzweigt, dadurch trotz kleiner, schlanker Blätter gut deckend;

Heidekönigin

Wuchstyp 3. Laub anfangs hell-, später mittelgrün. Verwendung als Rabattenrose oder flächig, reizvoll an Böschungen. Abstand 40 cm. Auch gut als kleine Strauchrose, dann größeren Ab-

The Fairy

Snow Ballet

Mirato

Rosy Carpet

stand wählen. Auch empfehlenswert: Von den 'Fairy'-Sorten sind 'Fairy Dance', blutrot, und 'Fairyland', hellrosa, besonders interessant.
Mein Tip: Im Sommer etwas Mehltau, gelegentlich im Oktober Sternrußtau. Gut auch als Halb- und Hochstammrose. Füllt die Blühlücke nach dem ersten Flor der Floribunda-Rosen. Wer statt rosa lieber weiß hat, kann mit der sehr guten 'Alba Meidiland' einen ähnlichen Effekt erreichen.

Snow Ballet
Strauchrose/Bodendecker-Rose.
Clayworth 1978.
Knospen kugelförmig, rahmweiß. Blüten reinweiß, anfangs in der Mitte gelblich-rosa; mittelgroß, 5–6 cm Ø; dicht gefüllt, 40–60 Blütenblätter, in kurzgestielten Büscheln oder einzeln; schwacher Duft. Sehr reich nachblühend, nicht selbstreinigend; bei Regen Mumienbildung. Wuchs verzweigt, bogig überhängend. Triebe dünn. Bildet dichten, kugelförmigen Busch und gute Bodendecke von 60 cm Höhe; Wuchstyp 3. Laub knapp mittelgroß, mit 7 Fiederblättern, dicht, dunkelgrün, glänzend. Verwendung gute Bodendecker-Rose für Flächen, Gruppen, Böschungen, breite Einfassungen. Abstand 60 cm oder 3 Pflanzen je qm. Als Solitär 100 cm Abstand.
Mein Tip: Gesund, etwas Mehltaubefall im Spätsommer. Abgeblühtes möglichst ausschneiden.

Mirato
Strauchrose/Bodendecker
Tantau 1990.
Knospen rundlich, dick. Blüten leuchtend pink; mittelgroß, 5 cm Ø; leicht gefüllt, in breiten Dolden stehend; kein Duft. Sehr reich-, aber nur einmalblühend. Wuchs buschig, breit, 40 cm hoch. Wuchstyp 3. Laub rundlich, mittelgrün, glänzend. Verwendung für großflächige Bodenbedeckung und Vorgärten; zur Begrünung von Böschungen. Abstand 50 cm, 4 Pflanzen je qm.

Rosy Carpet
Strauchrose/Bodendecker-Rose.
Interplant 1984.
Knospen deutlich spitzkegelig, mittelgroß. Blüten karminrosa mit kleinen, gelben Staubgefäßen; klein, 5 cm Ø, einfach, 5–7 leicht gewellte Blütenblätter; in üppigen Dolden; Wildrosenduft. Dauerblüher. Wuchs sehr breitbuschig, gut nachtreibend, 80 cm hoch. Wuchstyp 4. Laub mittelgroß, dunkelgrün, glänzend, dicht. Verwendung für flächige Pflanzungen, Böschungen, 3 Pflanzen je qm, Abstand 60 cm.
Mein Tip: Ergänzt gut die zartrosafarbene 'Roseromantic'.
Etwas anfällig für Mehltau, sonst robust.

BODENDECKER

Red Yesterday
(= 'Majorie Fair')
Strauchrose. Harkness 1978, ADR-Rose 1980.
Knospen klein, kirschrot, zu sehr vielen in kugelförmigen oder länglichen Büscheldolden. Blüten leuchtend dunkelrot mit weißer Mitte; klein, 2–3 cm Ø, einfach, 5 Blütenblätter; ohne Duft. Wuchs als Strauchrose mittelkräftig, teils aufrecht, teils locker überhängend bis ausladend, 80 cm hoch. Wuchstyp 3. Laub klein, länglich; im Austrieb kupferig, dann glänzend hellgrün, locker, trotzdem deckend. Verwendung gut als einzelstehende Dreiergruppe, auch flächig. Bei Böschungsbepflanzung 3–4 Pflanzen je qm, Abstand 60 cm.

Pink Meidiland
Strauchrose/Bodendecker-Rose. Meilland 1984.
Knospen eiförmig-spitz, karminrot. Blüten erst intensiv lachsrot mit weißem Auge und goldgelben Staubfäden, später aufhellend; mittelgroß, 5–6 cm Ø, einfach, meist 5 Blütenblätter; Dauerblüher, selbstreinigend. Wuchs stark, aufrecht buschig, dicht verzweigt, 90 cm hoch. Wuchstyp 2–3. Laub gut mittelgroß, dunkelgrün. Verwendung als gute Bodendecker- und Rabattenrose vom Floribunda-Typ.

Ballerina
Strauchrose/Bodendecker-Rose. Bentall 1937.
Knospen klein, rund, oval. Blüten zartrosa mit weißem Auge; einfach, kleinblumig, 2 cm Ø, aber reichblütig in vielen großen Büscheln; wenig Duft. Blüht den ganzen Sommer über gut nach. Wuchs ausladend, bogig überhängend; 100–150 cm hoch. Wuchstyp 3. Laub hellgrün, klein, derb, reichlich. Verwendung als Solitär- und Gruppenrose, auch flächig als höhere Bodendecke für Böschungen; gut in Verbindung mit Stauden. 2 Pflanzen je qm. Als Solitär 100 cm Abstand.

Mein Tip: Pflegeleichte Sorte mit Dauerblüte; auch auf Stämmen apart. Für eine bessere Nachblüte abgeblühte Dolden entfernen und auf Hagebutten verzichten.

Red Yesterday

Pink Meidiland

Ballerina

Heidi

Strauchrose/Bodendecker-Rose. Noack 1987.

Knospen klein und spitz in großen Dolden. Blüten intensiv rosa mit gelegentlich helleren Flecken am Blütenblattrand; 5 cm Ø; die Blütenblätter sind gedreht und gewellt, schöne gelbe Staubgefäße in der einfachen Schalenblüte, selbstreinigend. Wuchs kräftig, buschig verzweigt, Wuchstyp 2, etwa 70 cm hoch, treibt sehr gut nach. Laub groß, mittel- bis dunkelgrün, etwas Glanz, dicht. Verwendung als Bodendecker-Rose, Abstand 60 cm oder 3 Pflanzen je qm, aber auch gut als Kleinstrauch oder als Beet- und Rabattenrose. Auch empfehlenswert: 'Heidetraum', kräftig rosa, und 'Wildfang', leuchtend rosa, beides ADR-Rosen von 1990 und 1991.

Heidi

Lavender Dream

Moje Hammarberg

Lavender Dream

Strauchrose/Bodendecker-Rose. Interplant 1985, ADR-Rose 1987.

Knospen klein, in großen Büscheln. Blüten lavendelblau; 4 cm Ø; einfache Schalenblüte, 5–8 Blütenblätter, sehr haltbar, regenfest, selbstreinigend; duftend; reich- und öfterblühend. Wuchs locker, verzweigt, weichtriebig, bogig-überhängend bis flach. Wuchstyp 3. Höhe 60 cm. Laub mittelgroß, glänzend. Verwendung als sehr guter Bodendecker für Böschungen und Mauern. Abstand 80 cm oder 1–2 Pflanzen je qm. Sehr gut zusammen mit Stauden.

Mein Tip: Pflegeleicht.

Moje Hammarberg

Strauchrose/Bodendecker-Rose. Hammarberg 1931, Sämling von *Rosa rugosa*.

Knospen länglich mit langen Kelchblättern, zu wenigen in Büscheln. Blüten lilarot; 9 cm Ø, halbgefüllt, 20 Blütenblätter, auf sehr kurzen, oft nickenden Stielen. Staubfäden goldgelb; intensiver Duft. Reiche Blüte Mitte Juni, nachblühend bis Anfang September. Große, flachkugelige, rote Hagebutten bis 2,5 cm Ø. Wuchs steif, buschig, sparrig, dicht verzweigt, 100 cm hoch, Wuchstyp 3. Triebe dicht bewehrt. Laub dunkelgrün, runzliglederig, dicht. Verwendung im Abstand 80 cm oder 2 Pflanzen je qm für flächige Pflanzung, Böschungen, auch in Gruppen. Auch empfehlenswert: 'Dagmar Hastrup'; rosa, einfache Schalenblüte, 70 cm hoch. Smarty; weiß mit Aprikot, 120 cm hoch. Einige weniger mehltaufeste Sorten: 'Fair Play'; hellrot, violett überhaucht, halbgefüllt, 150 cm hoch. 'Fiona'; blutrot bis dunkelkarminrot, locker gefüllt, 90 cm hoch. 'Rosy Cushion'; hellrosa, einfach, bis 120 cm hoch. 'Fleurette'; rosa, kleinblütig, einfach, bis 120 cm hoch. 'Candy Rose'; karminrot mit weißem Auge, 70 cm. 'Rush'; innen weiß, außen rosa, einfach, 140 cm hoch, sehr gut. 'IGA '83 München' (ADR-Rose 1982); karminrosa, halbgefüllt, 120 cm hoch. 'Rokoko'; cremefarben, halbgefüllt, 140 cm hoch. 'Sea Foam'; weiß, gefüllt, 100 cm hoch.

Mein Tip: 'Moje Hammarberg' ist salzverträglich, völlig frosthart, aber auf kalkhaltigem Boden anfällig für Chlorose.

BODENDECKER

Sorte	Züchter/Jahr	Blüte	Wuchstyp 1–4	Pfl/qm	Bemerkung
Flachwachsende Bodendeckerrosen					
Alba Meidiland	Strobel 1987	weiß, 3 cm Ø, gefüllt, öfterblühend	3–4	1	Sehr gesund, nicht ganz regenfest, Mumien wegschneiden.
Apfelblüte	Noack 1982	hellrosa, 4 cm Ø, halbgefüllt, öfterblühend	3	1	ADR-Rose 1991, sehr gesund, wenig Pflege.
Candy Rose	Meilland 1990	lachs-hellrosa, 5 cm Ø, halbgefüllt, öfterblühend	3	3	Breitbuschig.
Heidetraum	Noack 1988	rosarot, 4 cm Ø, halbgefüllt, öfterblühend	3	2	ADR-Rose 1990, sehr gesund.
Immensee	Kordes 1982	perlmuttrosa, 3 cm Ø, ungefüllt, einmalblühend	1	1	Sehr gesund, wintergrün, wenig Pflege, gut duftend.
Kent	Poulsen 1991	weiß, 4 cm Ø, halbgefüllt, öfterblühend	3	3	Kleine, Blüten mit schönen Staubgefäßen.
Mainaufeuer	Kordes 1990	dunkelrot, 5 cm Ø, gefüllt, öfterblühend	4	2	Sichtbare Staubfäden.
Max Graf	Bowditch 1919	hellrosa, 5 cm Ø, ungefüllt, einmalblühend	1	1	Auch Rambler-Kletterrose, stark. bewehrt.
Heideröslein Nozomi	Onodera 1968	hellrosa, 2 cm Ø, ungefüllt, einmalblühend	1	2	Blüht nur wenig nach.
Pink Spray	Lens 1980	rosa, 3 cm Ø, ungefüllt, einmalblühend	3	1	Lange-, aber kaum nachblühend; ähnlich 'White Spray', weiß.
Pearl Meidiland	Meilland	pastellrosa, 4 cm Ø, gefüllt, öfterblühend	1	3	Ähnliche Sorten: 'Scarlet Meidiland' (scharlachrot), 'Red Meidiland' (rot).
Repandia	Kordes 1982	rosa, 3 cm Ø, ungefüllt, einmalblühend	1	1	Auch als Rambler-Kletterrose, sehr gesund, wintergrün.
Rote Max Graf	Kordes 1980	blutrot, 5 cm Ø, ungefüllt, einmalblühend	1	1	Bildet Dickicht.
Weiße Immensee	Kordes 1982	weiß, 3 cm Ø, ungefüllt, einmalblühend	1	1	Auch Rambler-Kletterrose, sehr gesund, wintergrün.
Weiße Repandia	Kordes 1982	weiß, 3 cm Ø, ungefüllt, einmalblühend	1	1	Leicht duftend, sehr gesund, auch Rambler-Kletterrose, wintergrün.
Wildfang	Noack 1989	rosa, 4 cm Ø, halbgefüllt, öfterblühend	3	1	ADR-Rose 1991, sehr gesund, wintergrün.

Sorte	Züchter/Jahr	Blüte	Wuchstyp 1–4	Pfl/qm	Bemerkung

Höherwachsende Bodendeckerrosen

Sorte	Züchter/Jahr	Blüte	Wuchstyp 1–4	Pfl/qm	Bemerkung
Fair Play	Interplant 1978	hellrot, 5 cm Ø, halbgefüllt, öfterblühend	4	2	Gelbe Staubgefäße, locker überhängender Wuchs.
Ferdy	Keisei 1984	rosa mit gelb, 4 cm Ø, halbgefüllt, einmalblühend	3	2	Reiche Blüte, gesund.
Fiona	Meilland 1979	blutrot, 4 cm Ø, gefüllt, öfterblühend	4	2	Etwas mehltauanfällig.
Fleurette	Interplant 1978	karminrosa, 5 cm Ø, halbgefüllt, öfterblühend	4	2	Aufrecht-überhängender Wuchs, etwas mehltauanfällig.
IGA München '83	Meilland 1982	karminrosa, 8 cm Ø, halbgefüllt, öfterblühend	3	1	ADR-Rose 1982, auch als Beetrose gut. Hagebuttenschmuck.
Marondo	Kordes 1991	kräftigrosa, 5 cm Ø, halbgefüllt, einmalblühend	1	3	ADR-Rose 1989.
Red Bells	Olesen/ Poulsen 1980	rot, 4 cm Ø, gefüllt, einmalblühend	1/3	3	Blüten oft versteckt, ältere. Pflanzen schöner.
Romanze	Tantau 1984	intensiv rosa, 10 cm Ø locker gefüllt, einmalblühend	4	2	ADR-Rose 1986, gut mit Stauden, auch solitär.
Rosa rugosa 'Monte Cassino'	Baum 1987	karminrot, 6 cm Ø, gefüllt, öfterblühend	2	3	Eine der zahlreichen Rugosa-Sorten wie z.B. 'Dagmar Hastrup', 'Rosa Zwerg', 'Pieretta' (ADR 1992), 'Polareis', 'Rotes Meer'.
Rosy Cushion	Interplant 1981	hellrosa, 5 cm Ø, ungefüllt, öfterblühend	4	2	Blüht stets in Dolden, hellgrünes Laub.
Rote Woge	Meilland/ Strobel 1991	dunkelrot, 6 cm Ø, gefüllt, öfterblühend	3	3	Auch als gesunde Beet- oder Kleinstrauchrose geeignet.
Rush	Lens 1983	rosa, weiße Mitte, 4 cm Ø, ungefüllt, öfterblühend	4	2	Interessante Hybride aus *Rosa multiflora adenochaeta.*
White Hedge	unbekannt	weiß, 7 cm Ø, ungefüllt, öfterblühend	3	3	*Rugosa*-Laub, aber kein Duft.

Porträts
BEETROSEN

Als Beetrosen werden Ihnen in den folgenden Rosenporträts Edelrosen, Floribunda-Rosen und Zwergrosen vorgestellt.

Großblumige Edelrosen
Man nennt sie auch Teehybriden. Sie prägten rund hundert Jahre das Bild der Rose. Ihre großen, gefüllten, duftenden Blüten stehen einzeln auf langen Stielen. Diese Rosen sind urspünglich aus Kreuzungsprodukten mit Teerosen von China hervorgegangen. Sie erlebten ihren Höhepunkt anfang dieses Jahrhunderts. Er war bereits überschritten, als eine Teehybride für weitere drei Jahrzehnte neuen Schwung in diese Klasse brachte: 'Gloria Dei' (1945). Diese gesunde Rose mit der besonders großen, gefüllten gelben Blüte überraschte die damalige Rosenwelt.

Büschelblütige Rosen
Fast parallel zu den Teehybriden traten die büschelblütigen Rosen – Polyantha- und Floribunda-Rosen – ihren Siegeszug an.
Polyantha-Rosen. Schon um 1875 entstanden in Frankreich die Polyantha-Rosen. Sie sind kleinblumig mit großen Doldenrispen von Blüten und blühen den ganzen Sommer.
Floribunda-Rosen. Durch Kreuzung mit großblumigen Rosen entstanden dann die Polyantha-Hybriden, die seit 1930 als Floribunda-Rosen bezeichnet werden. Die Farbpalette weitete sich schnell von Rot und Rosa auf Dunkelrot, Weiß, Lachs, Karmin, Lila und mit 'Poulsen's Yellow' (1938) auch auf Gelb aus. Es gab gefüllte, halbgefüllte und einfache Blüten verschiedener Größe.
Sprayrosen. Sie wachsen stark aufrecht und eignen sich besonders für den Freilandschnitt. Sie sind klein, halbgefüllt und zartfarben. Daneben gelten sie als haltbar und regenfest, sind aber im Blatt nicht sehr gesund.
Grandiflora-Rosen entstanden durch wiederholte Einkreuzung von Teehybriden in büschelblütige Sorten.

Zwergrosen
Auch bei den kleinblütigen Rosen gibt es heute alle Übergänge. Die Miniaturrosen wurden so häufig mit Polyantha-Rosen, Moschata-Hybriden und Floribunda-Rosen gekreuzt, daß eine Abgrenzung zu den Büschelblütigen kaum mehr möglich ist.

Ein Weg, gesäumt von duftenden Beetrosen. Die Polyantha-Rose 'Nathalie Nypels' mit weißer Spornblume, Gräsern, blauvioletter Katzenminze und gelbgrünem Frauenmantel vor einer Eibenhecke.

BEETROSEN

Mildred Scheel
Teehybride. Tantau 1976,
ADR-Rose 1978.
Knospen groß, schwarzrot, kegelförmig, schlank aufblühend. Blüten tief samtig-dunkelrot; 9 cm Ø, gefüllt, bis 40 Blütenblätter; oft von kräftigen Stielen getragen; ungewöhnlich stark duftend. Verbrennt nur bei sehr starker Sonne. Regen verhindert mitunter das Aufblühen von Knospen, die dann verfaulen. Wuchs kräftig, bis 80 cm hoch, treibt gut nach. Laub mittelgroß und dicht, Austrieb stark rötlich, später dunkelgrün, matt, derb. Verwendung im Abstand 35 cm, 7 Pflanzen je qm.
Mein Tip: Haltbare duftende Schnittrose. Schönes Laub.

Mildred Scheel

Erotica
(= 'Eroica')
Teehybride. Tantau 1969.
Knospen eiförmig, spitz. Blüten samtig dunkelrot; sehr groß mit 12 cm Ø, mit 33 Blütenblättern gut gefüllt, formschön, meist einzeln an langen Trieben sitzend; angenehm und stark duftend; reichblühend; ziemlich regen- und sonnenfest. Wuchs stark und aufrecht, 80 cm hoch. Laub dunkelgrün, anfangs rot. Verwendung im Abstand 30 cm, 9 Pflanzen je qm.
Mein Tip: Auch zum Schnitt und als Hochstamm geeignet.

Erotica

Caribia

Caribia
Teehybride. H. Wheatcroft 1973.
Knospen lang, spitz; goldgelb bis rötlich getönt. Blüten goldgelb mit rotgestreifter Flammung; groß mit 9 cm Ø; locker gefüllt, 25 Blütenblätter; einzeln auf straffen Stielen stehend; leicht duftend; frühblühend, gute Herbstblüte. Wuchs kräftig und buschig, 70 cm hoch. Laub mittelgroß; mittelgrün; leicht glänzend. Verwendung für Beete und Gruppen wegen der eigenwilligen Farbkombination Geschmackssache. Sternrußtaubefall möglich. Abstand 35 cm oder 8 Pflanzen je qm.

Hidalgo
Teehybride. Meilland 1979.
Knospen lang, kegelförmig, meist einzeln stehend. Blüten samtig dunkelrot; großblumig, 12 cm Ø, gut gefüllt, 40 Blütenblätter; stark duftend; blüht gut nach. Wuchs stark aufrecht, bis 100 cm hoch. Laub sehr groß,

grün, etwas glänzend. <u>Verwendung</u> im Abstand 30 cm, 9 Pflanzen je qm.
Mein Tip: 'Hidalgo' ist als Schnittrose auch wegen ihres Duftes attraktiv.

Baronne Edmond de Rothschild
Teehybride. Meilland 1969, ADR-Rose 1971.
<u>Knospen</u> spitzkugelig, karminrot. <u>Blüten</u> innen tief rubin- bis karmesinrot, außen silbrig schimmernd; sehr groß, 12 cm Ø, reich blühend, intensiver Duft. <u>Wuchs</u> sehr kräftig, 85 cm hoch, gut nachtreibend. <u>Laub</u> sehr groß, ziemlich regenfest, lederig-derb, bronzegrün, sehr glänzend. <u>Verwendung</u> im Abstand 35 cm, 7 Pflanzen je qm.

Hidalgo

Baronne Edmond de Rothschild

Burgund 81

Duftwolke

Mein Tip: Eine attraktive, edle Duftrose, die auch in rauhen Lagen noch gut gedeiht.

Burgund '81
Teehybride. Kordes 1981.
<u>Knospen</u> groß und spitzoval, spiralig öffnend. <u>Blüten</u> leuchtend rot, samtig; groß, 12 cm Ø, mit 50 festen Blütenblättern sehr stark gefüllt, elegante Form; Blüten einzeln oder zu mehreren beisammen sitzend; bedingt regenfest; leicht duftend. <u>Wuchs</u> kompakt, aufrecht und buschig, 70 cm hoch. <u>Laub</u> mittelgroß, mattgrün, im Austrieb rötlich. <u>Verwendung</u> im Abstand 30 cm, 9 Pflanzen je qm.
Mein Tip: Auch gut für Hochstamm geeignet.

Duftwolke
(= 'Fragrant Cloud')
Teehybride. Tantau 1963, ADR-Rose 1964, Weltrose 1981.
<u>Knospen</u> spitz-eirund, hellrot. <u>Blüten</u> anfangs intensiv orangerot, später geranien- bis purpurrot; großblumig bis 12 cm Ø; mit 30 festen Blütenblättern gut gefüllt; oft zu mehreren an langen Stielen sitzend; intensiver Duft. <u>Wuchs</u> kräftig, gedrungen und aufrecht, 80 cm hoch. <u>Laub</u> dunkelgrün, große lederige Blätter. <u>Verwendung</u> im Abstand 35 cm, 7 Pflanzen je qm.
Mein Tip: Gelegentlich kommt es zu Befall mit Sternrußtau. Haltbare Blumen; auch für rauhe Lagen geeignet. Duftrose ersten Ranges. Ungespritzt eignen sich die Blütenblätter für die Rosenbowle. Die Blüte wirkt etwas plump.

BEETROSEN

Sutter's Gold
Teehybride. Swim/Armstrong 1950.
Knospen lang, edel mit roter Zeichnung. Blüten hell orangegelb, besonders außen mehr oder weniger stark rötlich geadert oder kupferig getuscht, später stark verblassend. Mittelgroß, 8 cm Ø, locker, aber gut gefüllt mit 35 Blütenblättern; reichblühend, meist einzeln auf dem Stiel, stark duftend. Wuchs stark, straff aufrecht, verzweigt, 90 cm hoch. Laub mittelgroß, glänzend. Verwendung im Abstand 30 cm, 9 Pflanzen je qm.
Mein Tip: Auch als Schnittrose beliebt.

Alexander
(= 'Alexandra' in der Schweiz)
Teehybride. Harkness 1972, ADR-Rose 1974.
Knospen eiförmig, ziegelrot. Blüten hellorange bis zinnoberrot; groß, 9 cm Ø; mit 23 Blütenblättern locker gefüllt, einzeln oder zu mehreren auf langen Stielen; leicht duftend, selbstreinigend. Wuchs sehr stark, aufrecht und 90 cm hoch. Sehr auffallende, gebogene Stacheln, hell, groß, breit an der Basis, spitz auslaufend; dichtstehend. Laub fast dunkelgrün mit etwas rot, glänzend. Verwendung im Abstand 35 cm, 7 Pflanzen je qm.
Mein Tip: Als Schnittrose geeignet. Nicht mehr ganz gesund.

Elina
Teehybride. P. Dickson/Pekmez 1983, ADR-Rose 1987.
Knospen länglich, grünlich gelb. Blüten primelgelb, hell; sehr groß, 14 cm Ø, 34 Blütenblätter, kräftige Stiele, haltbar, reich- und sehr gut durchblühend, schwacher Duft. Wuchs kräftig und buschig, 80 cm hoch. Laub ziemlich dicht, groß, glänzend, dunkelgrün, ovale Blättchen, mittelgroße Stacheln. Verwendung im Abstand 35 cm, 7 Pflanzen je qm.
Mein Tip: Sehr widerstandsfähig gegen Sternrußtau, Mehltau und Rost. Als Schnittrose sehr gut geeignet.

Sutter's Gold

Alexander

Elina

Whisky

Whisky
Teehybride. Tantau 1967.
Knospen spitzoval bis schlank, gelb. Blüten bernsteingelb; groß, 11 cm Ø, gut gefüllt, 25 leicht gewellten Blütenblätter, edel; starker, angenehmer Duft. Blüht nach bis zum Herbst. Wuchs stark, buschig verzweigt, schnell wieder nachtreibend, 90 cm hoch. Laub groß, im jungen Austrieb rot, später dunkelgrün, dicht.
Mein Tip: Nur manchmal etwas mehltauanfällig. Herrlich bis zum Frost ist der rote Austrieb mit den bernsteinfarbenen, duftenden Blüten. Sommerschnitt zu empfehlen.

Banzai 83

Chopin

Gloria Dei

Banzai '83
Teehybride. Meilland 1983,
ADR-Rose 1985.
Knospen spitzoval, gelb mit roter Zeichnung. Blüten goldgelb, am Rand orange; 10 cm Ø, reich gefüllt, 35 Blütenblätter, kugelförmig; meist regenfest, zarter Duft. Wuchs kräftig, steif, sparrig, doch buschig, im Herbst ohne Blüte durchwachsend. 90 cm hoch. Laub dunkelgrün, lederig, glänzend. Verwendung im Abstand 35 cm, 7 Pflanzen je qm.
Mein Tip: Ziemlich widerstandsfähig, aber im Spätsommer kann leichter Befall mit Sternrußtau auftreten. Im Mai nachdüngen.

Chopin
Teehybride
Stanislaw Zyla 1990/91.
Knospen groß, rundlich, goldgelb. Blüten gelb mit Apricot; mittelgroß, 9 cm Ø; locker gefüllt, 25 Blütenblätter; einzeln oder zu wenigen auf einem Stiel stehend; guter Duft; treibt gut nach. Wuchs sehr stark, 120 cm hoch, steif aufrecht, Busch fällt leicht auseinander. Laub groß, dunkelgrün, glänzend. Verwendung in Gruppen. Abstand 40 cm, 6 Pflanzen je qm.
Mein Tip: Sehr vitale Sorte.

Gloria Dei
(= 'Mme A. Meilland', 'Peace', 'Gioia')
Teehybride. Meilland 1945,
Weltrose 1976.
Knospen plump, breit kegelförmig, gelb mit roten Adern; schöne Kelchblätter. Blüten goldgelb mit rosa Rand, später heller gelb und intensivrosa; sehr großblumig, 15 cm Ø, mit etwa 50 Blütenblättern dicht, aber locker gefüllt, becherförmig, auf sehr starken Stielen, leicht duftend. Dauerblühend, reicher Blütenschmuck. Wuchs stark, auch über 100 cm hoch werdend, sehr kräftige Triebe. Laub sehr groß, sattgrün, stark glänzend, derb, robust. Verwendung vielseitig, auch solitär. Abstand 40-45 cm, 5–6 Pflanzen je qm.
Mein Tip: Als Schnittrose gut geeignet; in der Vase haltbar.

BEETROSEN

Piroschka
Teehybride. Tantau 1972.
Knospen eiförmig, spitz. Blüten reinrosa, großblumig, 8 cm Ø, locker gefüllt mit 30 Blütenblättern, zuletzt flach becherförmig; zu mehreren beisammen stehend; starker, herrlicher Duft. Wuchs buschig, 60 cm hoch. Laub zunächst rotbraun, dann mittelgrün, dekorativ. Verwendung im Abstand 40 cm, 5–7 Pflanzen je qm. Gut als Hochstamm geeignet.

Alte Liebe
Teehybride.
GPG Roter Oktober 1974.
Knospen oval bis urnenförmig. Blüten lachsrot, zur Mitte heller, dunkelt aber im Verblühen nach; groß mit 12 cm Ø, locker gefüllt mit 25 Blütenblättern, kelchförmig, oft zu mehreren am Stiel, spät blühend. Wuchs breit-aufrecht, 90 cm hoch. Laub dunkelgrün mit Glanz. Verwendung im Abstand 40 cm, 6 Pflanzen je qm.
Mein Tip: Beachten Sie den späten Blühbeginn der Rose. Auch in der Vase attraktiv und haltbar. In den neuen Bundesländern erhältlich. Weitere gute Sorten von dort: 'Basilika' (rosa), 'Citrina' (goldgelb) und 'Bonjour' (karminrot).

Pascali
Teehybride. Lens 1963,
Weltrose 1991.
Knospen schlank, edel, zart grünlich-weiß; mit eleganten Kelchblättern. Blüten reinweiß; groß, 8 cm Ø; gut gefüllt mit 30 Blütenblättern, edle Form, zuletzt flach, einzeln oder in kleinen, lockeren Büscheln stehend; ohne Duft; sehr reichblühend. Wuchs kräftig, gut verzweigt, buschig, starke Triebbildung, 70 cm hoch. Laub erst hell-, dann tiefgrün, mit Glanz. Verwendung im Abstand 35 cm, 7 Pflanzen je qm.
Mein Tip: Im Garten gut zu Stauden, auch für die Vase.

Piroschka

Alte Liebe

Pascali

Aachener Dom

Hawaiian Sunset

Evening Star

Blue River

Hawaiian Sunset

Teehybride. Swim & Weeks 1962.

Knospen rundoval, hellrot. Blüten kupfrig-orange mit gelbem Rand; groß, 10 cm Ø, mit 30 Blütenblättern gut gefüllt, flach gebaut, meist einzeln auf steifen Stielen; gut duftend. Wuchs buschig, kompakt, 60 cm hoch. Laub sehr groß, robust, dunkelgrün, dicht und reichlich. Verwendung einzeln oder in Rabatten, auch zum Schnitt. Abstand 40 cm, 6 Pflanzen je qm. Auch empfehlenswert: 'Circus Knie', 80 cm hoch, recht gesund.

Mein Tip: Nicht sehr anfällig. Warme, leuchtende Farbe, aber schwer mit Stauden zu benachbarn. Für Hochstamm geeignet.

Aachener Dom

Teehybride. Meilland 1982, ADR-Rose 1982.

Knospen rundlich, dick. Blüten silbrig-lachsrosafarben; recht groß, 10 cm Ø, dicht gefüllt, mit 40 Blütenblättern, meist in Büscheln knapp über oder noch im Laub stehend; angenehmer Duft. Blüht gut nach; Regen kann das Aufblühen von Knospen verhindern. Es bilden sich Mumien. Wuchs stark aufrecht, aber ausreichend verzweigt, Busch von 70 cm Höhe. Laub sehr derb, großblättrig, dunkelgrün, lederig. Verwendung im Abstand 30 cm, 9 Pflanzen je qm.

Evening Star

Teehybride. Jackson & Perkins/ Kordes 1974.

Knospen gelblich, lang, spitz, spiralig öffnend. Blüten rahmweiß bis weiß; groß, 10 cm Ø, mit 25 Blütenblättern gut gefüllt, becherförmig, zu mehreren oder einzeln auf den Stielen sitzend, gut duftend, selbstreinigend. Nicht ganz regenfest, Mumienbildung. Wuchs sehr kräftig, aufrecht-buschig, 90 cm hoch, treibt gut durch. Laub tiefgrün, groß, lederig. Verwendung im Abstand 30 cm, 9 Pflanzen je qm.

Mein Tip: Im Spätsommer oft erheblicher Sternrußtau-Befall. Gegen Dauerregen empfindlich.

Blue River

Teehybride. Kordes 1984.

Knospen mittelgroß, rundoval. Blüten magenta-lila, am Rand dunkler; mittelgroß, 8 cm Ø, edel geformt, mit 30 Blütenblättern gut gefüllt, meist zu mehreren im Büschel stehend; sehr starker köstlicher Duft. Wuchs buschig, verzweigt, mittelhoch, 70 cm. Laub mittelgroß, dunkelgrün mit Glanz. Verwendung für Rabatten und in Mischpflanzungen. Abstand 35 cm, 8 Pflanzen je qm.

Mein Tip: Robust, aber wie alle Sorten dieser Farbgruppe etwas anfällig gegen Sternrußtau. Auch als Schnittrose sehr attraktiv. Die Sorte wurde in Baden-Baden für ihren Duft mit einer Goldmedallie belohnt.

BEETROSEN

Maria Mathilda
Floribunda. Lens 1980.
Knospen schlank, elegant. Blüten weiß, leicht zartrosa schattiert; mittelgroß mit 7 cm Ø, edelrosenähnlich geformt, halbgefüllt, 20 Blütenblätter; wenig Duft; reich- und gut durchblühend. Wuchs kräftig, 70 cm hoch. Laub dunkelgrün mit Glanz. Verwendung im Abstand 35 cm, 7 Pflanzen je qm. Auch empfehlenswert: 'Edelweiß', halbgefüllt, rosettig, sehr reichblühend; nur 50 cm hoch; und 'Kristall' (GPG Roter Oktober 1979), weiß mit cremefarbener Mitte, 65 cm hoch.
Mein Tip: Etwas Sternrußtaubefall im Herbst. Sehr harmonische Blüte; auch als Schnittrose attraktiv.

La Sevillana
Floribunda. Meilland 1978, ADR-Rose 1979.
Knospen blutrot, breit, kegelförmig. Blüten leuchtendrot; mittelgroß, 7 cm Ø, mit etwa 15 Blütenblättern halbgefüllt, zu 3–5 an langen lockeren Stielen sitzend; ohne Duft; öfterblühend; etwas regenempfindlich. Wuchs hoch, wildrosenartig verzweigt, locker–buschig, 80 cm hoch. Laub mittelgroß, dunkelgrün, glänzend. Verwendung für Hecken, Einzelpflanzung mit Stauden, Gruppen, flächige Pflanzungen; Abstand 35 cm, 7 Pflanzen je qm.
Mein Tip: 'La Sevillana' ist viel gesünder als die rosagetönte 'Pink La Sevillana'.

Maria Mathilda

Montana

La Sevillana

Margaret Merril

Kleine Dortmund

Kleine Dortmund
Floribunda. Noack 1992.
Knospen klein, spitzoval, rot. Blüten hellrot mit weißer Mitte und gelben Staubfäden; ziemlich klein, 2–3 cm Ø, einfach, bis zu 50 in einer Dolde beisammen; wenig Duft; spät-, aber bis zum Oktober dauerblühend. Wuchs buschig, 60 cm hoch, treibt gut von innen durch. Laub hellgrün, mittelgroß, lederig, glänzend. Verwendung für Rabatten und Flächen. Abstand 40 cm, 6 Pflanzen je qm.
Mein Tip: Verwendet man 'Kleine Dortmund' als Bodendecker, sollten mindestens 5 Pflanzen je qm gepflanzt werden. Sehr gesund.

Montana
Floribunda. Tantau 1974, ADR–Rose 1974.
Knospen dunkelrot, stumpf-kugelig bis becherförmig, zu wenigen in dichten Dolden. Blüten leuchtendrot, farbbeständig; mittelgroß, 7 cm Ø, schalenförmig halbgefüllt mit 25 etwas gewellten Blütenblättern; ohne Duft; wetterfest. Wuchs kräftig, straff aufrecht. Laub gut mittelgroß, dichtstehend, im Austrieb rötlich, später stark glänzend, dunkelgrün, lederig. Verwendung als robuste Beet- und Rabattenrose. Abstand 40 cm, 6 Pflanzen je qm. Auch empfehlenswert: 'Tornado' (ADR-Rose 1972), 'Olala' (ADR-Rose 1956), immer noch gesund, und 'Neues Europa' (ADR-Rose 1964) in verschiedenen Rottönen.
Mein Tip: Gelegentlich kommt etwas Sternrußtau vor. Im Mai nachdüngen.

Schneeflocke

Papagena

Margaret Merril
Floribunda. Harkness 1980.
Knospen zartrosa, länglich spitz, spiralig öffnend. Blüten perlweiß mit rosa Hauch; groß, 9 cm Ø, halbgefüllt mit besonders schöner offener Mitte, 20 leicht gewellte Blütenblätter; hervorragender, intensiver Duft. Blüht gut nach. Wuchs mäßig, aufrecht, breitbuschig bis 60 cm hoch. Laub im Austrieb rötlich, bald glänzend grün, mittelgroß. Verwendung als Beet- und Gruppenrose von sehr aparter, feiner Farbe. Gut auch zu Stauden. Abstand 35 cm, 7 Pflanzen je qm.
Mein Tip: Gelegentlich tritt Sternrußtau auf. Erstklassig als Hochstammrose und gesund.

Schneeflocke
Floribunda. Noack 1991.
ADR-Rose 1991.
Knospen weiß, dick und im Aufblühen länglich. Blüten reinweiß, klein, 5 cm Ø, mit 16 Blütenblättern gut halb gefüllt, bis zu 20 im Büschel auf einem Stiel sitzend; etwas Duft; sehr reichblühend, wetterfest. Wuchs breitbuschig, 50 cm hoch, treibt sehr gut nach. Laub sattgrün, mittelgroß, glänzend. Verwendung in Gruppen und flächig. Abstand 60 cm, 3 Pflanzen je qm.
Mein Tip: Sehr widerstandsfähig gegen Krankheiten; auf guten Böden Dauerblüher.

Papagena
Floribunda.
Mc Gredy/Rosenunion 1989.
Knospen oval. Blüten rot mit unregelmäßig breiten weißen Streifen »handgemalt« nach Art der Papageientulpe; groß, 8 cm Ø, mit 15 Blütenblättern locker gefüllt, in Dolden stehend. Wuchs buschig, kompakt, 60 cm hoch. Laub dunkelgrün glänzend. Verwendung für Rabatten mit besonderer Note. Abstand 35 cm, 8 Pflanzen je qm.
Mein Tip: Nicht krankheitsfest. Gestreifte Rosen sind eine delikate, sehr individuelle Geschmackssache.

BEETROSEN

Friesia
Floribunda. Kordes 1973,
ADR-Rose 1973.
Knospen intensiv gelb, eiförmig, spitz. Blüten leuchtend gelb, Blütenfarbe sehr wetterfest, auch im Verblühen nicht aufhellend; edelrosenähnlich aufblühend, aber nur mittelgroß mit 7 cm Ø; mit 20–25 Blütenblättern locker gefüllt. In Büscheln zu mehreren stehend; guter, angenehmer Duft. Gute Nachblüte; selbstreinigend. Wuchs mittelstark, aufrecht, aber gut verzweigt, 40 cm hoch. Laub mittelgroß, glänzend grün. Verwendung im Abstand 40 cm, 6 Pflanzen je qm.
Mein Tip: Dankbarer Dauerblüher mit Duft und guter Farbbeständigkeit. Nur für gute Böden geeignet. 'Friesia' ist eine attraktive Schnittblume, auch als Hochstamm geeignet.

Pigalle '85
Floribunda. Meilland 1985.
Knospen rundlich, groß. Blüten innen kupfergelb, außen orange geflammt; große Blüte 10 cm Ø, dicht gefüllt mit 50 Blütenblättern; in Büscheln und sehr reich blühend. Wuchs stark buschig, 40–60 cm hoch. Laub mittel- bis tiefgrün. Verwendung in einer kleinen Gruppe, gut mit blauen Stauden harmonierend. Abstand 35 cm, 8 Pflanzen je qm.
Mein Tip: Orangerote Rosen sind zwar bei vielen Menschen beliebt, vertragen sich aber nur schlecht mit anderen Rosenfarben. Sehr große Leuchtkraft.

Friesia

Pigalle '85

Goldener Sommer

Apricot Nectar

Goldener Sommer '83
Floribunda. Noack 1983,
ADR-Rose 1985.
Knospen groß, breit kegelförmig, goldgelb. Blüten gold- bis mimosengelb, zum Rand hin heller; großblumig, 8 cm Ø, gefüllt mit 20 Blütenblättern; Blüten stehen einzeln oder in kleinen Büscheln, reichblühend; wenig Duft. Nicht immer ganz selbstreinigend, da sich bei viel Regen Mumien bilden. Wuchs mittelstark, von unten breitbuschig verzweigt, 60 cm hoch. Laub mittelgroß, hell-, später mittelgrün, matt, etwas lederig. Verwendung im Abstand 40 cm, 6 Pflanzen je qm.
Mein Tip: Kommt vor dunkler Gehölzkulisse am besten zur Geltung.

Amber Queen

Goldquelle

Badener Gold

Apricot Nectar
Floribunda. Boerner/Jackson & Perkins 1965.
Knospen länglich, oval. Blüten aprikosenfarben; groß, 10 cm Ø, gut gefüllt; mehrere Blüten auf einem Stiel; zarter Teerosenduft. Gute Herbstblüherin, sehr haltbar. Wuchs gedrungen, aber kräftig, buschig, 80 cm hoch. Laub sattgrün, glänzend. Verwendung als Beet- und Gruppenrose für individuelle Gärten. Abstand 40 cm, 6 Pflanzen je qm.
Mein Tip: Sehr gesund und widerstandsfähig. Auch als Schnittrose sehr attraktiv. Reizvolle Farbe.

Amber Queen
Strauchrose/Floribunda.
Harkness 1984, Goldene Rose von Den Haag 1991.
Knospen kegelförmig bis oval, bräunlich gelb. Blüten erst tief bernsteingelb, vollerblüht hell bernsteingelb; mittelgroß, mit 7 cm Ø, mit 30 Blütenblättern gefüllt, in kleinen Büscheln stehend; leicht duftend. Wuchs breitbuschig, 40–60 cm hoch. Laub hellgrün, glänzend. Verwendung im Abstand 45 cm, 5 Pflanzen je qm.
Mein Tip: Farblich reizvolle und formschöne, gesunde Rose.

Goldquelle
Floribunda. Tantau 1988.
Knospen edelrosenähnlich. Blüten goldgelb, mittelgroß, 8 cm Ø, locker gefüllt, zeigt aufgeblüht die Staubgefäße; in großen Büscheln stehend; wenig Duft. Lang anhaltende Blühzeit bis tief in den Spätherbst hinein. Sehr haltbar. Wuchs kräftig, aufrecht, buschig, 70 cm hoch. Laub glänzend, frischgrün, attraktiv. Verwendung als Beet- und Gruppenrose, auch solitär. Abstand 35 cm, 8 Pflanzen je qm.

Badener Gold
Floribunda. McGredy/Rosenunion 1974.
Knospen edel, spitzoval. Blüten goldorange mit leichter roter Schattierung; groß mit 9 cm Ø; locker gefüllt; etwas Duft. Sehr früh- und reichblühend, selbstreinigend. Wuchs gut verzweigt, 70 cm hoch, treibt gut nach. Laub sattgrün, glänzend. Verwendung als Beet- und Gruppenrose, für Rabatten. Abstand 35 cm, 8 Pflanzen je qm.
Mein Tip: Etwas anfällig für Sternrußtau.

Queen Elizabeth
Floribunda. Lammerts 1954, Weltrose 1979.
Knospen hellrot, edelrosenähnlich, groß, länglich, einzeln oder zu 3–7. Blüten erst lachsrosa, nach reinrosa aufblühend, im Verblühen heller. Großblumig, 8–10 cm Ø, becherförmig, locker gefüllt, 20–25 Blütenblätter; in Büscheln von 3–9 auf langen Stielen. Dauerblüher; aber kaum duftend. Wuchs sehr kräftig, straff aufrecht, 100–180 cm hoch. Wenige, große Stacheln. Laub sehr groß, locker, rötlich bis dunkelgrün, derb, glänzend. Verwendung für Solitärgruppen mit Stauden, für Rabatten, Hecken. Abstand 45 cm, 5 Pflanzen je qm.
Mein Tip: Gesund, robust, etwas Mehltau im Herbst. Unteres Verkahlen durch Stufenschnitt vermeiden oder als »Hintergrundrose« verwenden, davor Stauden oder Kleinstrauchrosen setzen. Auch in der Vase sehr attraktiv.

Sommerwind
Floribunda. Kordes 1985, ADR-Rose 1987.
Knospen oval, spitz, dunkelrosa bis rot. Blüten leuchtend rosa; mittelgroß, 6 cm Ø, locker gefüllt, 12 am Rand gewellte, gekerbte Blütenblätter, zu mehreren in Dolden; wenig Duft; reichblühend bis zum Frost. Wuchs breitbuschig, sehr verzweigt, 50–60 cm hoch. Laub reich, mittelgrün, klein, glänzend. Verwendung im Abstand 35 cm, 7 Pflanzen je qm.
Mein Tip: Gelegentlich etwas Mehltau, sehr robust. Reizvoll als Hochstammrose (»Bubikopf«).

Queen Elizabeth

Sommerwind

Märchenland

Betty Prior

Märchenland
Floribunda. Tantau 1946.
Knospen zart kirschrot, breit kegelförmig, zu mehreren in lockeren Büscheln. Blüten rosa mit Lachston, im Verblühen hellrosa; mittelgroß, 8–9 cm Ø, halbgefüllt, 20 Blütenblätter, schalenförmig; schwacher Duft. Gute Nach-

blüte. Wuchs bogig-breitbuschig, gut verzweigt. Blütenstiele teils aufrecht, teils überhängend. 80–120 cm hoch. Laub mittelgroß, glänzendgrün, anfangs rötlich. Verwendung als Beet-, Gruppen- oder kleine Strauchrose, mit Stauden oder vor Gehölzen. Abstand 45 cm, 5 Pflanzen je qm.
Mein Tip: Sehr empfehlenswert. Nur im Herbst etwas Mehltau.

Betty Prior
Floribunda. Prior 1935.
Knospen oval, karminrot, elegante Kelchblätter. Blüten außen karminrot, innen heller, mit weißrosa Mitte; mittelgroß, 4–6 cm Ø, einfach, 5 breite Blütenblätter, schalenförmig, in recht großen,

Bonica 82

Play Rose

Ricarda

schirmförmigen Dolden; ohne Duft. Reich- und dauerblühend. Regenfest und selbstreinigend. Wuchs schlank aufrecht, oben breit, 80 cm hoch. Laub groß, im Austrieb stark rötlich, später grün, matt, gut deckend. Verwendung im Abstand 40-45 cm, 5–6 Pflanzen je qm.

Mein Tip: Gesund, in trockenen Jahren etwas Mehltau im Spätsommer möglich. Auch geeignet für Gehölzränder und zusammen mit Stauden, da Halbschatten noch vertragen wird. Schöne Rose für gemischte Rabatten.

Bonica '82
Floribunda. Meilland 1982, ADR-Rose 1982.
Knospen rundlich, dunkelrosa. Blüten erst rosa mit leichtem Lachston, später reinrosa aufblühend, im Verblühen hellrosa. Mittelgroß, 7 cm Ø, mit 25 Blütenblättern gefüllt; in Büscheln zu 10–20. Reich- und gut nachblühend, lange haltbar. Wuchs breitbuschig, gut verzweigt, im Spätsommer dicht, oft über 70 cm hoch. Laub klein, dunkelgrün, lederig-glänzend. Verwendung auch als Bodendecker-Rose und kleine Strauchrose denkbar. Abstand 45 cm, 5 Pflanzen je qm.

Play Rose
Floribunda. Meilland 1989, ADR-Rose 1989.
Knospen breit kegelig, dunkelrosa. Blüten kräftig karminrosa bis reinrosa; groß, 8–9 cm Ø, 15 Blütenblätter, locker gefüllt, in der Mitte oft wie geviertelt; zu mehreren, reichblühend. Wuchs mäßig stark, buschig, aufrecht; 70 cm hoch, im Herbst über 100 cm mit knospenlosen Trieben. Laub mittelgrün, halbmatt, mittelgroß. Verwendung auch als Bodendecker. Abstand 60 cm, 3 Pflanzen je qm.
Mein Tip: Robust, anspruchslos; wenig anfällig für Sternrußtau, etwas Mehltau im Spätsommer.

Ricarda
Floribunda. Noack 1989, ADR-Rose 1989.
Knospen dick und kompakt, hellrot. Blüten zinnoberrot; klein, 7 cm Ø, schwach gefüllt, 16 Blütenblätter, gewellte Ränder; regenfest, selbstreinigend. Wuchs straff aufrecht, 80 cm hoch. Laub klein. Verwendung im Abstand 35 cm, 7 Pflanzen je qm.

BEETROSEN

Diadem
Floribunda (sogenannte »Sprayrose«). Tantau 1986.
Knospen rund und kompakt, dunkelrosa. Blüten leicht bläuliches, helles Rosa; mittelgroß, 8 cm Ø; halbgefüllt, 18 Blütenblätter, edel geformt; zu mehreren auf langen, geraden Stielen; kein Duft. Wuchs stark aufrecht und verzweigt, 90 cm hoch. Laub erst rötlich, dann dunkelgrün, mittelgroß. Verwendung im Abstand 35 cm, 7 Pflanzen je qm.
Mein Tip: Winterhart, etwas Sternrußtau im Spätsommer möglich. Im Sommer oft schneiden, ausgesprochene Schnittrose.

Zwergkönig '78
Miniaturrose. Kordes 1978.
Knospen klein, dick und spitzoval; samtig blutrot, öffnen sich edelrosenartig. Blüten leuchtend blutrot mit samtigem Glanz, aufgeblüht mit offener, gelber Mitte; Farbe hält sich gut, auch bei Sonne, wird nur bei Hitze vom Rand her schwärzlich-rot. Groß, 5–6 cm Ø, locker gefüllt; zu wenigen an den Enden zahlreicher kurzer Triebe; fast kein Duft. Blüht gut nach. Wuchs aufrecht, mittelstark, bis 50 cm hoch, aber gut verzweigt; treibt gut durch. Laub dunkelgrün. Verwendung im Abstand 30 cm, 9 Pflanzen je qm.

Diadem

Guletta
(= 'Rugull', 'Tapis Jaune').
Miniaturrose.
de Ruiter 1976/Rosenunion.
Knospen relativ groß, dick, mit Spitze, zitronengelb. Blüten zitronengelb, nach Öffnung der Mitte deutlich heller werdend; groß, 5 cm Ø, halbgefüllt, 20 Blütenblätter, edel; dichte, verzweigte Blütenstände von wechselnder Höhe; ohne Duft. Reichblühend, öfterblühend, haltbar. Wuchs mittelstark, dichtbuschig, nicht kompakt, bis 35 cm hoch. Laub kleine, helle bis mittelgrüne Blätter, zierliche, schmale Fiederblätter, leicht glänzend. Anfällig für Blattfall. Verwendung im Abstand 25 cm, 12 Pflanzen je qm.

Zwergkönig '78

Guletta

Vatertag

Mein Tip: Wegen sehr reicher Nachblüte, guter Haltbarkeit und leuchtender Farbe sehr attraktiv.

Vatertag
Polyantha. Tantau 1959. Sport von 'Muttertag' und damit offenbar letzter Vertreter aus einer bemerkenswerten Kette von sieben Sports, die bis zur Kletterrose 'Tausendschön' von Kiese/J.C. Schmidt 1906 zurückgehen soll. Knospen klein, rundlich, orange. Blüten orange; klein, 3 cm Ø, ballförmig, mit 25 Blütenblättern locker gefüllt; im Juni bis zu 30 im Büschel, in der Nachblüte weniger, sehr reichblühend; fast kein Duft. Wuchs buschig verzweigt, niedrig, 35 cm hoch, treibt gut nach. Laub hellgrün, etwas glänzend, Fiederblätter klein, schmal, spitz. Verwendung als Zwerg- und Topfrose, für Rabatten, Gruppen, Gräber, auch für Pflanzgefäße auf Balkonen geeignet. Abstand 30 cm, 11 Pflanzen je qm. Auch empfehlenswert: Weitere Mitglieder der »Sport-Verwandtschaft« sind 'Muttertag', leuchtend rot; 'Dick Koster', zartrosa; 'Margo Koster', lachsrosa; 'Sneprinsesse', weiß.

Climbing Pompon de Paris

Baby Masquerade

Zwergkönigin '82

Pompon de Paris
Miniaturrose. Vor 1823. 'Rouletii' um 1920. Beide höchstwahrscheinlich identisch.
Knospen rund. Blüten rosarot mit etwas lila; klein, 2–3 cm Ø, dicht rosettig gefüllt, 30 Blütenblätter, ballförmig, einzeln oder zu mehreren; etwas Duft. Reichblühend, blüht gut nach bis November Nicht regenfest: Mumienbildung. Hagebutten von 1 cm Ø, kugelig, orange, haltbar. Wuchs buschig verzweigt, Stecklingspflanzen 15 cm hoch, veredelt doppelt so groß. Laub schlank oval mit ausgezogener Spitze, stumpfes Dunkelgrün. Verwendung als Topfrose; auch in Gruppen als Zwergrose im Garten. Auch empfehlenswert: **'Climbing Pompon de Paris'** wird bis 60 cm hoch und ist für den Garten als Kleinstrauchrose – in der Gruppe oder solitär – gut geeignet. Auf Hagebuttenschmuck kann zugunsten kräftigerer Triebe verzichtet werden: Sommerschnitt!
Mein Tip: Treibt bei Sternrußtau gut wieder durch.

Baby Masquerade
Miniaturrose. Tantau 1955.
Knospen klein, oval, rot. Blüten erst goldgelb, dann zunehmend leuchtendrot, zweifarbig; klein, 3 cm Ø, flach, mit 20 gewellten Blütenblättern; kaum Duft. Blüht gut nach. Wuchs buschig verzweigt, kräftig, bis 50 cm hoch. Laub klein, tiefgrün, matt, dicht. Verwendung für Hochbeete, Kübel und Balkone.
Mein Tip: Durch Stecklinge gut zu vermehren. Leider krankheitsanfällig. Verblühte Dolden immer gleich abschneiden, um Folgeflor zu beschleunigen.

Zwergkönigin '82
Miniaturrose. Kordes 1982.
Knospen klein, rundlich, rot. Blüten tief rosa; sehr groß, 7 cm Ø, edelrosenartig, locker gefüllt, 24 Blütenblätter; immer zu mehreren in Dolden; kaum Duft. Sehr haltbar. Wuchs kräftig, buschig, gut verzweigt, Höhe bis 50 cm. Laub klein, dunkelgrün und stark glänzend. Verwendung im Abstand 30 cm, 9 Pflanzen je qm.
Mein Tip: Gesünder als 'Zwergkönig'.

BEETROSEN

Sorte	Züchter/Jahr	Blüte	Höhe in cm	Bemerkung

Großblumige Rosen – Edelrosen

Sorte	Züchter/Jahr	Blüte	Höhe in cm	Bemerkung
Alec's Red	Cocker 1970	kirschrot, 11 cm Ø, gefüllt	90	Stark duftend, Schnittrose.
Basilika	VEB Saatzucht Dresden 1981	intensivrosa, 13 cm Ø, gefüllt	90	Duftend, reichblühend bis Oktober.
Berolina	Kordes 1986	gelb, etwas rötlich, 10 cm Ø, gefüllt	80	Stark duftend, auch gut zum Schnitt. ADR-Rose 1986.
Citrina	VEB Saatzucht Dresden 1981	goldgelb, 11 cm Ø, gefüllt	100	Selbstreinigend, etwas Duft.
Double Delight	Swim 1978	cremeweiß, rot, 13 cm Ø, gefüllt	40	Würziger Duft, Weltrose 1986.
Duftstern	Noack 1973	lachsrosa-orange, 10 cm Ø, gefüllt	70	Stark duftend, gut als Hochstamm.
Florentina	Kordes 1973	dunkelrot, 12 cm Ø, halbgefüllt	120	Aufrechter Wuchs, duftend.
Helmut Schmidt	Kordes 1979	lichtgelb, 9 cm Ø, halbgefüllt	70	Steifer Wuchs, leichter Duft, Schnittrose.
Henkell Royal	Kordes 1964	blutrot, 11 cm Ø, locker gefüllt	80	Aufrechter Wuchs, sehr starker Duft.
Ingrid Bergmann	Olesen/ Poulsen 1983	dunkelrot, 12 cm Ø, locker gefüllt	70	Angenehmer Duft, reichblühend.
Julias Rose	Wisbech Plant Co. 1976	lila-bräunlich, 8 cm Ø, locker gefüllt	80	Ungewöhnliche Farbe, anfällig.
Lady Rose	Kordes 1979	lachsorange, 13 cm Ø, gefüllt	70	Buschiger Wuchs, Laub groß, glänzend, schwacher Duft.
Landora	Tantau 1970	goldgelb, 10 cm Ø, locker gefüllt	70	Kräftiger Wuchs, etwas anfällig.
Lolita	Kordes 1972	orangegelb, 10 cm Ø, halbgefüllt	70	Aufrechter Wuchs, starker Duft, ADR-Rose 1973.
Luci Cramphorn	Kriloff 1960	geranienrot, 12 cm Ø, gefüllt	80	Steifer Wuchs, guter Duft.
Michèle Meilland	Meilland 1945	rosalachs, 10 cm Ø, halbgefüllt	90	Aufrechter Wuchs, guter Duft, wunderschön, sehr empfindlich.
Norita	Combe/ Vilmorin 1966	schwarzrot, 10 cm Ø, halbgefüllt	50	Aufrechter Wuchs, guter Duft, dauerblühend.
Oklahoma	Swim & Weeks 1964	schwarzrot, 12 cm Ø, gefüllt	80	Buschiger Wuchs, starker Duft, edle Knospe.
Olympiad	Mac Gredy Armstrong/1985	rot, 14 cm Ø, gefüllt	60	Leichter Duft, als Hochstamm geeignet.

Sorte	Züchter/Jahr	Blüte	Höhe in cm	Bemerkung
Peter Frankenfeld	Kordes 1966	rosarot, 10 cm Ø, locker gefüllt	90	Wüchsig, langstielig, recht gesund.
Pink Favorite	Abrams 1956	reinrosa, 9 cm Ø, locker gefüllt	80	Wenig Duft, extrem gesund, Mumien möglich.
Polarstern	Tantau 1982	weiß, 11 cm Ø, gefüllt	100	Buschiger Wuchs, Duft, reichblühend.
Rebecca	Tantau 1970	gelb/rot, 10 cm Ø, halbgefüllt	70	Buschiger Wuchs, ADR-Rose 1972.
Rose Hans Rosenthal	Meilland 1987	dunkelrot, 11 cm Ø, dicht gefüllt	70	Widerstandsfähig, anspruchslos.
The Mc Cartney Rose	Meilland 1991	rosa, 11 cm Ø, locker gefüllt	70	Guter, starker Duft.

Büschelblütige Rosen – Floribunda-Rosen

Andalusien	Kordes 1977	blutrot, 8 cm Ø, locker gefüllt	90	Buschiger Wuchs, anmutig hängende Blüten, ADR-Rose 1976.
Bella Rosa	Kordes 1982	lachsrosa, 6 cm Ø, locker gefüllt	60	Buschiger Wuchs, später Blühbeginn, dann Dauerblüher.
Blue Parfum	Tantau 1978	lilaviolett, 9 cm Ø, halbgefüllt	50	Buschiger, gedrungener Wuchs, sehr starker Duft, Sternrußtau.
Bernsteinrose	Tantau 1987	orangegelb, 9 cm Ø, gefüllt	70	Nostalgisch in Füllung und Farbe.
Chorus	Meilland 1975	zinnoberrot,10 cm Ø, halbgefüllt	70	ADR-Rose 1977, inzwischen anfälliger; buschiger Wuchs.
Dalli-Dalli	Tantau 1977	dunkelrot, 7 cm Ø, halbgefüllt	70	ADR-Rose 1975, reichblühend, aufrecht-buschiger Wuchs.
Dolly	Poulsen 1975	dunkelrosa, 7 cm Ø, halbgefüllt	70	Buschiger Wuchs, offene Mitte, ADR-Rose 1987.
Escapade	Harkness 1967	lilarosa, Mitte heller, 8 cm Ø, halbgefüllt	80	Seltene Pastellfarbe, ADR-Rose 1973, hellgrünes Laub.
Frau Astrid Späth	Späth 1930	karminrosa, 6 cm Ø, halbgefüllt	40	Sport von 'Joseph Guy'. Dauerblüher, etwas anfällig.
Happy Wanderer	Mac Gredy 1974	dunkelrot, 7 cm Ø, gefüllt	40	Leichter Duft, ADR-Rose 1975 kompakter Wuchs.
Joseph Guy	Nonin 1921	karminrosa, 8 cm Ø, halbgefüllt	40	Buschiger Wuchs, riesige Blütenstände, haltbar.
Make up	Meilland 1987	lachsrosa, 4 cm Ø, gefüllt	80	Sehr lange haltbar, gut auch für rauhe Lagen.

Hochstämmchen und KASKADEN

Beiden ist gemeinsam, daß sie keine natürliche Herkunft haben, sondern ein gärtnerisches Kunstprodukt sind. Eine »Sorte« wurde auf den Stamm einer Wildrose veredelt. Je nach Höhe dieser Stämme unterscheidet man zwischen Hoch-, Halb- und Viertelstamm.

Kaskadenrosen

Man versteht darunter auf einen Stamm veredelte Kletterrosen. Dafür eignen sich am besten Rambler, also weichtriebige Sorten. Und hier sind es jene, die mehrmals blühen und damit in ihrer Wuchskraft gebremst sind wie 'Super Excelsa', 'Super Dorothy' oder 'Hermann Schmidt'.

Stärker wachsende Sorten bilden in den ersten fünf Jahren wunderschöne Kaskaden-Stämme. Erfahrungen mit ihnen in höherem Alter liegen aber noch nicht vor. Der Auslichtungsschnitt ist hier wichtig (→ Seite 41).

Steif und stark wachsende Kletterrosen wie 'Sympathie' auf Hochstamm sind ein Mißverständnis. Steif und mäßig wachsende dagegen wie 'Rosarium Uetersen' bilden zwar eine ausladende, aber noch im Rahmen bleibende, dauerblühende Krone.

Einmalblühende Rambler-Sorten blühen am vorjährigen Holz. Sie bilden schon bis zur Blüte »grüne Schöpfe« aus diesjährigen blütenlosen Trieben. Diese dürfen keinesfalls als »Wildtriebe« gedeutet und entfernt werden, denn sie bringen im nächsten Jahr die schönsten Blüten.

Wichtig: Kaskadenrosen können im Winter nicht wie Hochstämme »umgelegt« werden. Sie werden durch Tannenreisig oder Jutegewebe im Winter geschützt (→ Seite 38).

Hochstammrosen

So nennt man auf Stämme veredelte großblumige oder büschelblütige Sorten. Wer möglichst duftende Edelrosen wie 'Manou Meilland', 'Margaret Merril', 'Blessings' und andere kompakt wachsende Teehybriden wählt, wird Freude daran haben. Kurze Triebe brechen nicht so leicht aus.

Sehr schön sind auch kleinere, öfterblühende Bodendecker- und Floribunda-Rosen auf Hochstämmen. So bilden 'Snow Ballet' und 'Swany', aber auch 'Sommerwind', 'Schneewittchen' und 'Yesterday' hübsche kugel- oder halbkugelförmige Kronen.

Hochstammrosen sind wegen des weiten Abstandes zwischen Boden und Krone kaum durch Befall mit Sternrußtau gefährdet, im Gegensatz zu Beetrosen.

Man schneidet Hochstämme mit großblumigen oder büschelblütigen Sorten im Frühjahr stark zurück. Zum Überwintern kann man sie in den ersten zehn Jahren ohne weiteres »umlegen« (→ Praxis, Seite 39).

Im Bild unten Kaskadenrosen im Geviert. 'Raubritter' mit ihren ballförmigen Blüten wurde hier auf Stämmchen veredelt. Im Bild rechts die Rambler-Rose 'Paul Noel' bildet – auf einen Stamm veredelt – ebenfalls hinreißende Kaskaden und duftet intensiv.

HOCHSTÄMMCHEN

Kew Rambler
Kletterrose. Kew Gardens 1912.
Knospen klein, rund, aprikosenfarben. Blüten zart lachsrosa, innen heller; klein, 2,5 cm Ø, einfach, in großen Büscheln; leichter Duft. Einmalblühend, doch sehr üppig. Wuchs kräftig, 500 cm hoch, überhängend. Laub gelbgrün, später vergrauend, mittelgroß. Verwendung als Kletterrose an Rosenbögen. Als Kaskadenrose erreicht die »Glocke« eine Übergröße von 300 cm Ø. Auch empfehlenswert: Eine sehr gute großblumige Nostalgie-Rose ist 'Paul Noël', öfterblühend.
Mein Tip: Ab dem vierten Jahr im Spätsommer altes Geäst aus dem Inneren entfernen. Junge Triebe herunterbinden und mit »Bauchbinde« zusammenhalten.

Kew Rambler

Manou Meilland

Blessings

Manou Meilland
Floribunda. Meilland 1977.
Knospen mittelgroß, länglich, spitz; edelrosenartig im Aufblühen. Blüten fliederrosa, später dunkelkarminrosa; groß, 10 cm Ø; gefüllt, etwa 50 Blütenblätter; Blüten zu 3–5 in Büscheln stehend; angenehm duftend. Sehr reichblühend; regenfest. Wuchs mittelstark, buschig, verzweigt, 60 cm hoch. Laub im Austrieb rötlich, später dunkelgrün, groß, glänzend, lederig, robust. Verwendung als Hochstamm besonders zu empfehlen, Krone bleibt kugelig. Auch als Beetrose für Rabatten und zusammen mit Stauden geeignet.
Mein Tip: Sehr robust.

Blessings
Teehybride. Gregory 1969.
Knospen rund-oval, groß. Blüten zartes Lachs- bis Korallenrosa; 9 cm Ø, schalenförmig, mit 30 Blütenblättern gut gefüllt; 2–4 Blüten am Stiel, aber auch einzeln stehend; angenehm duftend. Reichblühend. Wuchs aufrecht, rundbuschig, 80 cm hoch. Laub stumpfgrün, groß. Verwendung als Hochstamm empfehlenswert.
Mein Tip: Bei Verwendung als Beetrose anfällig für Sternrußtau.

Raubritter
Kletterrose/Strauchrose. Kordes 1936. *Rosa x macrantha*-Hybride.
Knospen intensivrosa, rund. Blüten hell purpurrosa; klein, 5 cm Ø, aber gut gefüllt, bis zum Verblühen kugelig, einzeln oder in Büscheln aufgereiht auf Vor-

Raubritter

Rosarium Uetersen

Félicité et Perpétué

Chevy Chase

jahrstrieben stehend; zart duftend. Sehr reicher, mittelspäter Flor, aber nur einmalblühend. Nicht regenfest. Wuchs kräftig, breitbuschig überhängend, mit weichen Trieben, 200 cm hoch, Rambler-Typ. Laub klein, derb, mittelgrün. Verwendung als Solitär.
Mein Tip: Sehr frosthart, deshalb erstklassige Kaskadenrose auf Hochstamm. Die bei Regen oft faulenden Knospen wegschneiden. Leichte Anfälligkeit gegen Mehltau und Rote Spinne.

Rosarium Uetersen
Kletterrose. Kordes 1977.
Knospen oval in Büscheln, hellrot. Blüten rosarot, später tiefrosa; großblumig, 12 cm Ø, dicht gefüllt, 30 Blütenblätter und mehr, in Büscheln stehend, leichter Duft. Sehr reich- und gut durchblühend; regenfest. Wuchs mittelstark, sparrig-buschig, aufrecht, 200 cm hoch. Laub groß, mittelgrün, glänzend, dicht, gut deckend. Verwendung für Säulen, Pyramiden, niedrige Wände; sehr gut auf hohem Stamm, dann kugelig, nicht herabhängend.
Mein Tip: Abgeblühtes zur Verhinderung von Hagebuttenansatz frühzeitig entfernen.

Félicité et Perpétué
Kletterrose (Abkömmling der *Rosa sempervirens*). A.A. Jacques 1827.
Knospen rundlich-spitz, cremefarben, edel. Blüten weiß, rosa überhaucht; klein, 4 cm Ø, mit 30 Blütenblättern dicht rosettenartig gefüllt; einzeln und in Büscheln gut verteilt; etwas herb-süßlicher Duft. Üppig einmalblühend. Keine Hagebutten. Wuchs kräftig, elegant überhängend, über 400 cm hoch, Rambler-Typ. Laub mittelgrün, klein, bei uns nicht ganz immergrün. Verwendung für Pergolen und Säulen. Sehr reizvoll als Kaskadenrose.
Mein Tip: Große Fernwirkung, bereits in den ersten Jahren. Nicht ganz regenfest.

Chevy Chase
Kletterrose. N.J. Hansen/Bobbink & Atkins 1939.
Knospen klein, kugelig, schwarzrot. Blüten tief dunkelkaminrot; klein, 4 cm Ø, sehr dicht pomponartig gefüllt, 30 Blütenblätter; in Büscheln bis zu 20; etwas duftend. Einmalblühend, aber sehr haltbar, wetterfest, verbrennt aber bei extremer Wärmestrahlung an den Rändern. Keine Hagebutten. Wuchs anfangs steif, Triebe bald dünner, sehr kräftig, über 400 cm hoch, überhängend. Laub hellgrün, weich, runzelig. Verwendung als Kletterrose für Säulen, Wände, Bögen. Als Kaskadenrose besonders schön. Die anfangs steifen Triebe bilden eine eher breit ausladende Krone.

Register

Die **halbfett** gesetzten Seitenzahlen verweisen auf Abbildungen.
U = Umschlagseite
VK = Vordere Klappe
HK = Hintere Klappe

Arten- und Sorten-Register

Register

Sach-Register

Blumen im Garten – prachtvoll wie noch nie.

Auch im kleinsten Garten ist Platz für ein Paradies! Dieser Ratgeber zeigt die schönsten Stauden, Zwiebelblumen und Einjährigen, dazu attraktive Gräser und Farne in Porträts und Pflegeanleitungen.
Vorbildliche Gestaltungsbeispiele in Farbfotos, dazu Pflanzpläne – leicht nachvollziehbar für jeden.

Bernd Hertle/
Peter Kiermeier/
Marion Nickig:
So blühen sie am schönsten:
Gartenblumen.
Der große GU Pflanzen-Ratgeber. Mit Gestaltungsideen für große und kleine Gärten.
240 Seiten, 500 Farbfotos, 150 Zeichnungen.
48,00 DM/375,00 öS/ 48,00 sfr

Mehr draus machen. Mit GU. GU GRÄFE UND UNZER

Stand: 1.1.1993. Änderungen und Irrtum vorbehalten.

Register / Adressen

Adressen, die weiterhelfen

Vereine
Verein Deutscher Rosenfreunde e.V. (VDR), Waldseestraße 14, W-7570 Baden-Baden

Österreicher Rosenfreunde über: Österreichische Gartenbaugesellschaft, Parkring 12/III 1, A-1010 Wien 1

Gesellschaft Schweizerischer Rosenfreunde über: Rita Liechti, Bahnhofstr. 11, CH-8640 Rapperswil oder Dietrich Woessner, Nelkenstraße 26, CH-8212 Neuhausen am Rheinfall

Rosen-Baumschulen, Züchter, Versandfirmen
(alle mit Schaugärten)
BKN Strobel, Wedeler Weg 62, W-2080 Pinneberg

Rosen Tantau, Tornescher Weg 13, D-2082 Uetersen

Baumschule Karl Baum, Adenauerdamm 100, W-2200 Elmshorn

Kordes' Söhne, Rosenstr. 54, W-2206 Klein Offenseth

Ingwer J. Jensen, Am Schloßpark 2 b, W-2392 Glücksburg

Noacks Rosen, Im Fenne 54, W-4830 Gütersloh

Walter Schultheis, Rosenhof, W-6350 Bad Nauheim-Steinfurth
Rosen-Union, Steinfurther Hauptstr. 25, W-6350 Bad Nauheim-Steinfurth

Baumschule Goos,Alte Hohl 7, W-6908 Wiesloch-Baiertal

Karl Hetzel, Am Stadion 18, W-7519 Oberderdingen

Richard Huber, Rotbühl 10, CH-5605 Dottikon

Naturgemäße Boden- und Pflanzenpflege
Biologisch wirksame Produkte, zum Beispiel von den Firmen Neudorff und Oscorna, bekommen Sie im Gartenfachhandel.

Bodenuntersuchungen
Auskunft erteilt: Verband deutscher landwirtschaftlicher Untersuchungs- und Forschungsanstalten, Bismarckstr. 41 a, W-6100 Darmstadt

Rosengärten, Rosarien, Rosendörfer
Deutschland: Baden-Baden, Gönneranlage, Rosenneuheiten-Garten Beutig; Berlin, Britzer Garten, Großer Tiergarten; Chemnitz, Rosenhof; Coburg, Rosengarten; Delitzsch, Rosengarten am Wallgraben; Dortmund, Deutsches Rosarium VDR; Dresden, Rosengarten am Neustädter Elbufer; Erfurt, Rosengarten der EGA; Essen, Grugapark; Forst, Ostdeutscher Rosengarten; Frankfurt, Palmengarten; Hamburg, Stadtpark, Wallringpark; Hannover, Stadtpark; Herrenhausen, Schloßpark; Karlsruhe, Stadtgarten; Kassel, Park Wilhelmshöhe, Botanischer Garten; Ludwigsburg, Blühendes Barock; Ludwigshafen, Ebertpark; Insel Mainau; Mainz, Stadtpark; Mannheim, Herzogenriedpark, Luisenpark; Nöggenschwiel; Pinneberg, Rosengarten; Potsdam-Sanssouci, Rosengarten; Saarbrücken, Deutsch-Französischer Garten; Sangerhausen, Rosarium; Seppenrade; Schmitshausen; Stuttgart, Höhenpark Killesberg; Torgau, Schloß Hartenfels; Uetersen, Rosarium; Walsrode, Vogelpark; Weihenstephan, Sichtungsgarten; Zweibrücken, Rosengärten.
Belgien: Gent, Konigin Astridpark, Arboretum; Kortrijk, Rosarium West-Vlaanderen; Steenweg, International Rozentium;
Dänemark: Kopenhagen, Rosenhave i Valbyparken; Kvistgard, Rosengarten der Firma D.T. Poulsen;
Frankreich: Chalon-sur-Saône, Parc St. Nicolas; L'Haÿ-les-Roses; Lyon, Parc de la Tête d'Or; Malmaison, Parc; Nancy, Parc de la Pépinière; Orléans, Parc Floral; Paris, Parc de Bagatelle;
Großbritannien: Cambridge, Botanic Garden; Chippenham, Sheldon Manor; Edinburgh, Malleny House; Harrogate, Northern Horticultural Society's Garden; Hidcote Manor und Kiftsgate Court; Hitchin, Schaugarten Firma Harkness; London, Queen Mary Rose Garden im Regent's Park, Kew Gardens; Romsey, Mottisfont Abbey; St. Albans, The Royal National Rose Garden; Wisley, Royal Horticultural Society's Garden;
Holland: Den Haag, Westbroekpark; Winschoten, Rosarium;
Italien: Genua, Villa Nervi; Monza, Rosarium Villa Reale; Rom, Roseto di Roma;
Norwegen: Ås, Rosarium Vollebek;
Österreich: Baden, Österreichisches Rosarium; Linz, Botanischer Garten; Wien, Rosarium im Donaupark;

Impressum

Wichtige Hinweise
In diesem Buch wird erklärt, wie man Rosen im Garten pflegt , schneidet und vermehrt. Tragen Sie beim Umgang mit Rosen feste Handschuhe, damit Sie sich nicht an den Rosenstacheln verletzen. Bewahren Sie alle Gartenwerkzeuge so auf, daß sich niemand daran verletzen kann. Nach dem Gebrauch immer sofort wegräumen. Kommt es bei der Gartenarbeit oder beim Umgang mit Erde zu offenen Verletzungen, sollten Sie umgehend einen Arzt aufsuchen eventuell ist eine Impfung gegen Tetanus (Wundstarrkrampf) erforderlich.
Befolgen Sie bei der Anwendung von Pflanzenschutzmitteln und Düngern genau die Gebrauchsanweisung. Halten Sie Kinder und Haustiere beim Gebrauch fern. Beachten Sie auch die Hinweise zum richtigen Umgang mit Pflanzenschutzmitteln auf Seite 48. Bewahren Sie Pflanzenschutzmittel und Dünger so auf, daß sie für Kinder und Haustiere unerreichbar sind.
Verschließen Sie größere Jauchefässer mit einem Gitter, damit Kinder oder Kleintiere nicht hineinklettern oder -fallen können.

Schweden: Göteborg, Helsingborg; Schweiz: Dottikon, Schaugarten Firma Huber; Genf, Parc de la Grange; Neuhausen, Rosengarten auf "Charlottenfels"; Rapperswil; Spanien: Madrid, Parque de Oeste; Tschechische Republik: Olomonc; Prag-Pruhonice, Botanischer Garten; Zvolen; Ungarn: Budapest, Entwicklungsunternehmen für Zierpflanzenbau, Margitsziget, Gellérthegy.

Die Fotografen
Die Fotos in diesem Buch stammen von Jürgen Becker, mit Ausnahme von: Angermayer/Pfletschinger: Seite 52 o., 53 o., 53 Mi.o.; Bünemann: Seite 91 li.u., 100 li., re. u., 116 li.Mi.u., 153 re.Mi.u., re.u.; Haenchen: Seite 138 u.; Henseler: Seite 50 Mi.o., Mi.u., u., 51 Mi.u., 52 u.; Himmelhuber: Seite 50 o.; Hoppe: Seite 5 u., 81 u., 115; Jensen: 98 li.Mi.o., 101, 146 u.; Kaminski: Seite 51 Mi.o.; Klose: Seite 127 re.Mi.o., 136 li.u., 147 li.u., 152 /153; Kordes: Seite 147 re.u.; Nickig: Seite 60/61, 129 li.u.; Reinhard: Seite 96, 129 re.Mi., 138 o., 142/143, 144/145, 146 o., 147 li.o.; Schäfer: Seite 53 Mi.u., u.; Schlüter: Seite 51 o.; Schwind: Seite 52 Mi.o.; Silvestris/Bühler: Seite 91 re.u. hintere Klappe o.Mi.; Silvestris/Jacobi: hintere Klappe u.Mi.; Silvestris/Layer: U4-Klappe; Silvestris/Riedmiller: Seite 88 u.; Willner: Seite 44; Zunke: Seite 51 u., 52 Mi.u.;

Dank: Bildautor Jürgen Becker und Verlag danken für die Fotografiererlaubnis in folgenden Gärten: Adriaanse, Middelburg, Holland (S. 28/29, 78/79); Bennekom, Domburg, Holland (S. 85); Dekker-Fokker, Veere, Holland (S. 65); Dünow, Ratingen, Deutschland (S. 68/69); Ghyczy, Swalmen, Holland (S. 26/27); Greve, Heerlen, Holland (S. 30/31); Hobhouse, Tintinhull, Yeovil, England (S. 132/133); Hoffmann, Dortmund, Deutschland (S.11, 150/151); Jonker, Sybekarspel, Holland (S. 19,74); Garten Schloß Kalbeck, Weeze, Deutschland (S. 63); Lippke, Haan, Deutschland (S. 4 u.l.); Monet, Giverny, Frankreich (S. 36/37); Mottisfont, Romsey, England (S. 48/49, 104/105); Pfordte, Cappenberg, Deutschland (S. 13, 20/21); Roos, Edam, Holland (S. 40); Roosmalen, Rekem, Belgien (S. 72/73); Stuurmann, Bergen, Holland (S. 77); Verey, Barnsley House, England (S. 34/35); Garten Kasteel Wijlre, Wijlre, Holland (S. 70); Dt. Rosarium VDR Westfalenpark, Dortmund, Deutschland (U1, S. 2/3, 4 u.l., 94/95, 124/125); Roseraie de l'Haÿ, Paris, Frankreich (S. 4/5 o.l., 16, 46/47, 62).

Die Deutsche Bibliothek - CIP-Einheitsaufnahme

Der **große GU-Ratgeber Rosen**: die schönsten Rosen für große und kleine Gärten; Gestaltungs-Ideen für Rosenbögen, Spaliere und Beete; Rosen-Praxis: Pflanzen, Pflegen, Schneiden, Überwintern/Otto Bünemann; Jürgen Becker. - München: Gräfe und Unzer, 1993
(Der große GU-Ratgeber)
ISBN 3-7742-2515-X
NE: Bünemann, Otto; Becker, Jürgen

1. Auflage 1993

Redaktionsleitung: Hans Scherz
Stellv. Redaktionsleitung: Renate Weinberger
Redaktion: Gisela Keil
Lektorat: Anita Zellner, Christiane Gsänger
Zeichnungen: György Jankovics
Layout: Robert Gigler; G.H.G., Gudrun Hänsel-Geneletti, München
Typographie: Robert Gigler
Umschlaggestaltung: Heinz Kraxenberger, München
Gesamtherstellung: BuchHaus.Kraxenberger. Gigler.GmbH
Reproduktion: Czech
Druck und Bindung: Druckhaus Kaufmann

ISBN 3-7742-2515-X

Rosa rubiginosa Hybride

Herbstlicher Schmuck

Ist die Sommerblüte vorbei, beeindrucken Wildrosen im Herbst mit schönen Hagebutten in leuchtenden Farben von Orange bis Rot. Das saftige Fruchtfleisch ist für Vögel ein willkommenes Festessen.

Hagebutte der *Rosa x micrugosa*, kugelig und dicht mit Stacheln besetzt.

Rosa x paulii

Rosa x hibernica

Rosa moyesii 'Superba'